La meilleure façon de marcher
est celle du flamant rose

DU MÊME AUTEUR

Femmes de dictateur, Perrin, 2011.
Femmes de dictateur 2, Perrin, 2012.
Les Derniers Jours des dictateurs, Perrin, 2012.
Corpus equi, Perrin, 2013.
La Chair interdite, Albin Michel, 2014.
L'homme idéal existe. Il est québécois, Albin Michel, 2015.
Lady Scarface, Perrin-Plon, 2016.
Les Indésirables, Flammarion, 2017.

Diane Ducret

La meilleure façon de marcher est celle du flamant rose

roman

Flammarion

© Flammarion 2018
ISBN : 978-2-0814-2169-1

Gdansk

Il m'a toujours manqué quelqu'un, au plus profond de moi, jusqu'au jour où j'ai décidé de ne plus attendre personne.

Il a suffi d'un coup de fil, dans un taxi à Gdansk. Je viens d'arriver en Pologne pour donner une conférence sur les femmes, leurs droits, leurs espérances, leur histoire contrariée et leurs souffrances. Au téléphone, la voix d'un homme, le mien depuis quelques mois : « T'es une fille formidable. Je passe de très bons moments avec toi, on peut tout se dire, on parle beaucoup, on rit aussi. J'ai de la chance de te connaître... Mais je sais que t'attends plus. Je ne peux pas te donner tout ça... Tu comprends, avec le divorce... » J'écoute chaque phrase en position de garde, comme dans un match de boxe ; les mots s'enchaînent en crochet, pleuvent en uppercut. Cela fait cinq ans qu'il a divorcé tout de même. Je ne suis pas allée le cueillir à la sortie du tribunal, tel l'oiseau de proie guettant la naissance des bébés tortues sur la plage. J'ai attendu que le bébé tortue gagne l'océan, réapprenne à nager, en prenant le risque qu'une autre fonce dessus en piqué et me l'avale tout entier ! « Écoute, j'ai plus la force de recommencer tout ça. » On dirait qu'il revient de Verdun. Que chaque femme qu'il a connue est une tranchée obscure où il a vu crouler ses camarades. « Je veux me sentir libre, j'ai plus envie de me prendre la tête. Je ne veux plus d'engagement. » Cela tombe bien, je ne comptais pas l'engager. Cela fait à peine trois mois nous deux, nous sommes encore en période d'essai.

Je fais tous les efforts du monde pour me montrer détachée, pour ne pas le faire fuir, avec ma dignité sous le bras. Comment ose-t-il ne pas m'aimer, le bougre, ne se rend-il pas compte de la chance qu'il a ? Parce qu'il faut être tout à fait honnête, ce n'est pas non plus le perdreau de l'année, mon gars. Les cheveux poivre et sel au-dessus de son nez busqué et de ses yeux ardoise lui donnent l'air d'un bel aigle de face, mais d'un vautour déplumé de dos parce qu'il commence à se dégarnir. Il est intermittent, une cigale qui chante l'été guère trop armée pour la bise d'hiver. Et la pension alimentaire de ses deux enfants finit de le ratiboiser. Il est pourtant doté d'une qualité rare : en tant qu'ancien gros, il n'a pas conscience de sa beauté et se trimbale des complexes qui lui donnent une manière désarmante de baisser les yeux en souriant comme un gamin quand on le complimente. Je l'aime parce qu'il n'est pas homme à juger une femme qui s'enfile un éclair long comme le bras après un hachis parmentier. « Je sais que je te déçois... Faut pas que tu m'en veuilles... J'ai quarante ans... »

Larmoyant, il répète son âge lentement, s'écoutant prononcer ces syllabes qu'il peine à associer. Il formule ce chiffre comme une sentence ou le diagnostic d'une maladie honteuse. Il a l'air sincère en disant cela, il pense être le premier. Et moi, naïve sans âge, je n'accepte pas le verdict, j'essaie de le persuader, de négocier. Je devrais savoir, à trente ans passés, que plus un homme utilise d'adjectifs et de périphrases, moins il a de chances de changer d'avis. Le cerveau humain est formidable. Le mien fonctionne en surrégime, vingt-quatre heures sur vingt-quatre depuis le jour de ma naissance, et ne s'arrête qu'au rayon yaourts du supermarché ou quand je tombe amoureuse. Façon citron meringue, fraise des bois, ne pars pas on est bien ensemble, on a des choses à vivre, je vais te rendre heureux.

Vient ensuite la déferlante de lieux communs, à commencer par le : « C'est pas toi, c'est moi. » J'imagine Hitler disant aux Juifs de Varsovie : « C'est pas vous, c'est moi. » Ou l'ours sur la banquise en train de chiqueter un phoque : « C'est pas toi, c'est moi. » Puis allons-y gaiement, il enchaîne par un : « C'est le timing qui n'est pas bon. » Et pourquoi pas les astres tant qu'on y est ! Enfin il dégoupille la grenade : « On s'est peut-être rencontrés trop tôt. » Trop tôt ? La Terre a plus de quatre milliards d'années, les hommes existent depuis environ deux cent mille ans, et celui-ci en a quarante. Moi j'en ai trente-trois et son trop tôt, je me demande si ce n'est pas plutôt un trop tard. « Puis avec les petits... J'ai l'impression que ça va trop vite pour eux. T'en as pas, tu ne peux pas comprendre. » Forcément, si tous les types en âge de procréer rechignent à m'en faire, je ne risque pas de comprendre un jour. C'est un syndrome généralisé chez toutes celles qui cherchent encore chaussure à leur pied. À ce stade, me concernant, une tong estivale m'ira très bien. Niveau attentes, je suis passée de l'escarpin de luxe à la sandale, voire à la tatane.

« Quarante zlotys. » Le chauffeur de taxi tapote sur le compteur rouge qui clignote comme l'alarme d'un réveille-matin en colère. Je n'ai pas les idées assez claires pour faire du calcul mental ; en bonne Française je suppose que je me fais rouler. J'ouvre la portière, mets un pied chancelant à l'extérieur ; le trottoir du quartier nouveau colle sous mon talon. Il fait plus de trente degrés, nous sommes en mai, et si j'en crois ce qu'il vient de se passer, le temps d'un trajet de taxi, je me suis fait larguer. À Gdansk. Je me suis fait larguer à Gdansk, ville dont je n'arrive même pas à prononcer correctement le nom, et je ne sais si je dois rire ou pleurer.

Elle va de droite à gauche de son visage et relie ses deux oreilles comme un croissant de lune tourné vers son menton ; fournie comme une broussaille qui se dresse face au sécateur, la moustache de Lech Walesa, photographié le poing levé, m'accueille à peine entrée dans les studios de la Telewizja Polska. L'immense bâtiment, presque aussi grand que la ville, est un exemple de ce que le béton allié au communisme peuvent produire de plus triste, une modernité inouïe qui en une génération seulement a rouillé sur ses pieds.

La maquilleuse s'affaire sur mon visage. On me conduit jusqu'au plateau, à travers les fils et les projecteurs. L'antenne est annoncée, les caméras braquées sur moi. J'ai regardé un projecteur, je suis définitivement aveugle, mon image apparaît dans le retour caméra, et frappe ma rétine endolorie : je suis fardée comme la veste d'un général pour une parade militaire !

« Vous êtes écrivain, vous êtes née en même temps que le mouvement Solidarnosc, qu'est-ce que cela vous évoque ? » me demande la journaliste.

Hélas, à cet instant précis, pas grand-chose. Sourire, mettre des mots les uns à la suite des autres, peu importe l'ordre, je suis française, on pensera que ce que je dis est profond.

Une tornade fait tourbillonner mes pensées, déplace les souvenirs, déracine mes certitudes, projette enfin mille questions qui peuvent se résumer en une seule : pourquoi ? J'ai la tête farcie de ses mots, je me les répète sans cesse. Pourquoi tu ne veux pas m'aimer, toi qui étais si charmant ? Pourquoi les hommes se mettent avec des femmes qu'ils n'aiment pas vraiment, et en désirent d'autres qu'ils rejettent par peur d'en tomber amoureux et, ô malheur, de s'engager ?

« Dans vos livres, vous écrivez sur les femmes. En tant que Française, quel conseil donneriez-vous aux Polonaises ? »

Fuyez. Courez droit devant vous et ne vous retournez pas. Prévoyez des vivres, regroupez-vous et prenez la route. Les caméras me somment de répondre, de dire quelque chose d'intelligent qui donnera de l'espoir à ces millions de femmes prises en étau entre leurs aspirations, celles légitimes et celles inavouables, dans un pays où la religion et l'État s'allient, comme souvent hélas, pour museler les premières et éteindre les secondes.

La journaliste me fixe, concernée. Dans son regard, je crois deviner ses petits et ses grands bagages, celui qu'elle n'a jamais oublié, le prince charmant qu'elle a niché au fond de son cœur, ses amies qui troquent leurs rêves pour la réalité maritale ; son envie surtout de ne plus avoir à compter le temps qui passe, à choisir entre sa carrière et son plaisir ; de ne plus craindre d'être jugée parce qu'elle a pris des chemins de traverse plutôt que d'avancer tout droit. C'est la raison de ma venue en réalité, la voix de la France, celle des droits de l'homme, celle qui loue ses femmes scientifiques et résistantes, qui mettent des turbans, pensent, fument et prennent des amants. Mais cette voix-là est éraillée dans ma bouche. Mes yeux s'humidifient, il est temps de conclure, le barrage va céder. Je risquerais alors de lâcher la vérité. J'ai peur, je me sens seule, je ne comprends rien. À la marche du monde, à l'absurdité du comportement humain, aux erreurs que l'on répète, à notre incapacité à aller vers ce qui nous fait du bien, aux gens qui s'aiment et qui se quittent. La modernité nous a fait du mal. Ces applications à disposition, cette profusion du choix, de la sélection virtuelle comme sur l'étal d'un boucher, ont tout gâché ! Les relations amoureuses sont plus compliquées à présent, le mot « aimer » est utilisé pour tout et n'importe quoi, les grands sentiments s'expriment dans de petites émoticônes, le sexe est devenu facile, les insécurités de tous ont pris le dessus, cela n'est plus si grave de décevoir quelqu'un, cesser de répondre ou disparaître est aujourd'hui une option qui n'est plus honteuse. Je me sens comme un feu follet qui se nourrit de ce qu'il trouve en chemin, destiné à s'éteindre après avoir brillé. Je suis la brindille en pleine forêt, tombée au sol, livrée aux pas du marcheur en godillots, une boule de flipper entre les mains d'un gosse, un mercredi, avec dans ses poches toute la monnaie de sa mère.

Une larme s'échappe de mon œil gauche, le traître ! Les autres s'engouffrent dans la brèche. En quelques instants, me voilà à la télévision polonaise, le maquillage en arc-en-ciel étalé sur mes joues. La journaliste, touchée par mon empathie, pleure aussi, c'est la fin du journal et d'une interview lunaire, comme la moustache de Lech Walesa.

Mon téléphone sonne, je bondis : c'est peut-être lui ! C'était seulement un coup de chaud, un vent de panique, il m'aime alors il a pris peur. Hélas, ce n'est rien qu'un numéro masqué. Je renvoie l'appel dans les cordes et prends le chemin de mon hôtel. Sur la place Chopin, tourner à droite, passer la galerie marchande Chopin, puis tourner à droite après la pâtisserie Chopin, puis à gauche. Le soir tombe au-dessus des hauts toits qui coiffent les immeubles colorés, serrés les uns contre les autres pour se tenir chaud l'hiver. Il fait sec, les Polonais sortent et forment des grappes sonores. Leurs longues silhouettes dansantes emplissent les rues comme dans un tableau de Munch. Ils se ressemblent tous, impossible de s'y retrouver. Les immeubles, cela va de soi.

Et si jamais je ne trouvais personne qui m'aime ? Pas qui me désire ou me séduise, mais qui m'aime vraiment pour ce que je suis ? Moi je ne veux pas juste me caser pour me caser, voyez ? Peut-être que je m'illusionne et que le temps me manquera bientôt. Pour l'instant, j'en suis aux crèmes premiers signes de l'âge, mais je sens que celles pour rides installées me font de l'œil. Les pattes-d'oie, la ride du lion, je le vois, ça commence à se creuser ici, et là, regardez. Ça va bientôt être un zoo.

« Quarante zlotys ! » me lance comme une évidence, les yeux écarquillés, la jeune vendeuse blonde au crâne à moitié rasé dans le magasin Souvenirs Chopin où je me suis réfugiée pour acheter une casquette, un chapeau, n'importe quoi qui soustrairait au regard des autres la piscine à débordement dans mes yeux. En prime, j'ai des maux d'estomac.

« Autre chose ?

— Oui, vous auriez du charbon ? »

Elle me fixe avec mépris. Demander du charbon en Pologne, je n'ai rien trouvé de mieux ? C'est comme demander à un Esquimau qui se les pèle s'il n'a pas de la glace, à un Bédouin s'il a du sable sous sa tente. Je mets ma main sur mon ventre et lui signifie que j'ai mal. « Bébé, *tak* ! » me dit-elle en me tendant un test de grossesse. Non, sans façon, je vais me contenter du chapeau.

Un feutre noir en laine épaisse, il ne reste que cela, un car de Japonais a pris toutes les casquettes Chopin, s'excuse-t-elle. Ils le font exprès ! J'aurais bien aimé une cagoule pour dissimuler mon chagrin ; j'essaie de lui mimer l'objet sans grand succès. Je fais semblant de faire du ski, toujours rien. Puis, en désespoir de cause, la met en joue d'une arme imaginaire. Elle se met à crier. Avant de me retrouver au commissariat Chopin, je paie mon dû et m'en vais, enfonçant le feutre sur ma tête honnie. En même temps, une grande blonde avec une cagoule noire dans Gdansk, cela aurait sans doute attiré l'attention.

De toute façon, sachant que celui qu'on aime est à 73 % fait d'eau, si ça se trouve je ne suis pas amoureuse, juste déshydratée. Je m'arrête machinalement derrière une personne faisant la queue ; c'est peut-être un bar ou une épicerie, un peu d'eau me ferait du bien. Au bout de longues minutes, la file n'a pas gagné le moindre centimètre. Je questionne une dame, devant moi :

« C'est la queue pour quoi s'il vous plaît ?

— Aucune idée, j'ai vu des gens la faire, alors je me suis mise derrière. Demandez donc à celui qui est devant ! »

Je m'exécute et tapote l'épaule d'un monsieur d'un certain âge qui me renseigne : « Ah, je ne sais pas, j'ai vu des gens debout, j'ai pris ma place, un réflexe du temps du communisme. On ne sait jamais, des fois qu'il y ait une pénurie, c'est une bonne place. » Je remonte le courant et consulte celui, envié, qui trône en premier devant la vitrine fermée du magasin de violons Chopin. Une pénurie de violons me semble peu menaçante, mais je ne comprends sans doute pas la richesse de l'âme slave. « Moi je me promenais, et me suis arrêté pour refaire mon lacet. Lorsque je me suis relevé, il y avait trois personnes qui attendaient derrière moi. Je n'ai pas osé me défiler ! Alors je suis resté. Pour une fois que je suis le premier quelque part. »

C'est une ville de fous. Sans doute les émanations des chantiers navals Lénine. La concentration de charbon doit être trop élevée, le cerveau manque d'oxygène. Je m'échappe.

Poc ! Aïe ! Sonnée par le fracas de nos crânes, fesses au sol, je me sens soudain la vulnérabilité à hauteur d'enfant et m'apitoie. Je voudrais que ma mère m'aide à me relever. Mais de mère, je n'en ai pas. J'y suis habituée, c'est depuis toujours, à peu près.

« Savez-vous ce que les gens humbles et ceux qui ont du chagrin ont en commun ? » me dit une voix d'homme, tandis que je ramasse mon feutre et rassemble le contenu de mon sac éparpillé sous le choc. « La tête trop basse pour marcher droit ! » s'amuse-t-il. Je suis tombée sur un comique, c'est bien ma veine.

« Excusez-moi, mais je n'ai pas envie de rire. Rien ne va comme il faut dans ma vie. Cela me tombe toujours sur le coin du nez.

— Je sais ce que tu ressens *maïdelè*..., dit-il d'en haut, d'une voix soudain plus douce.

— Cela m'étonnerait ! J'en ai assez, on tient à moi, mais on ne cherche pas à me garder. On me trouve formidable, mais on ne se bat pas pour moi. On m'adore, mais on me quitte par téléphone. On m'efface et on finit même par me rentrer dedans... j'ai l'impression de ne jamais être à ma place, alors que tous les autres trouvent la leur.

— Je comprends, *maïdelè*. »

Il m'agace ce vieux, comment pourrait-il comprendre ce sentiment de toujours être à côté ? À côté des autres, de la vie normale, de ceux qui se contentent de vivre, sans se poser de questions sur leur origine, sur leur destination ? L'impression de devoir chaque jour être en lutte contre le monde, la gravité, contre soi surtout, d'être tombé d'un nid avant de savoir voler, et de regarder chaque arbre, en se demandant si on est enfin rentré ?

« Lorsque je pense être le seul à souffrir, je lis un passage des Proverbes, et ma peine est soudain partagée par toute l'humanité. »

Malheur, un témoin de Jéhovah ! Je suis si esseulée que je pourrais adhérer à n'importe quel mouvement pourvu que l'on me promette d'être aimée. Je lève mon regard dans sa direction et découvre le long de ses joues une barbe à faire pâlir la moustache de Lech Walesa, flanquée de deux papillotes. Je suis rentrée dans un rabbin.

« Vous êtes la jeune femme de la télévision ? J'ai été très touché par votre sensibilité à notre histoire. »

Si je mens à un rabbin, est-ce que je vais en enfer ? Je ne sais pas trop comment cela marche. Dans le doute, mieux vaut tout avouer.

« Mes larmes avaient une autre raison, vous savez. C'est un homme qui les a causées. Un homme avec lequel j'entretenais des relations... amoureuses, intimes, charnelles, quoi ! » finis-je par lâcher avant de m'excuser ; c'est sûr, je vais rôtir comme un cochon de lait sur le brasier éternel de parler ainsi à un homme de Dieu.

« N'ayez pas honte. Le Talmud de Jérusalem affirme que Dieu réprimandera ceux qui n'ont pas joui des plaisirs de ce monde. Vous devez savourer la coupe de glace aux fruits, ou le poulet rôti au citron et au thym, mais faites-le en toute conscience, comme un connaisseur, en savourant chaque bouchée. De cette manière, c'est vous qui contrôlez le monde physique et non pas lui qui vous contrôle. »

Mais je ne suis dominée par aucune coupe de glace, il n'a rien compris ce saint homme !

« Surtout, pour manger un poulet, il faut être deux. Le poulet et soi. »

Il doit avoir un trauma crânien. J'ai cassé le rabbin.

« Merci pour ces conseils, je vais donc tâcher de rencontrer un poulet.

— Je veux dire qu'il ne faut pas envoyer le chat livrer la crème.

— Mais quelle crème ? Entre la glace et le poulet, je suis complètement perdue.

— C'est la beauté du Talmud de provoquer le questionnement, vous avez déjà appris quelque chose en ce cas. »

Il me donne faim, avec ses poulets et ses glaces.

« Depuis que je suis née, j'ai l'impression d'errer, qu'on ne veut pas de moi, et qu'il ne m'arrive que des catastrophes.

— Mon peuple aussi. Mais si on te traite comme un âne, au lieu de te plaindre, mets-toi une selle sur le dos. »

Complètement barré, ce rabbin. Quelques poils drus poussent sur son nez, non pas à l'intérieur, comme on pourrait s'y attendre à son âge, mais au-dessus des narines, sur le plateau normalement désert.

« Regarde l'immeuble derrière toi, que vois-tu ? »

Une tour, couleur béton sur fond de ciel couchant, une croix gammée peinte à la bombe rouge près de l'entrée, je n'ose regarder plus longtemps de peur de me fracturer la rétine tant c'est moche.

« Mais pourquoi ne l'enlevez-vous pas ? Une éponge, un peu d'huile de coude et l'insulte sera partie ! C'est dégradant, voyons, il faut se plaindre à la mairie !

— Parce que c'est elle qui devrait avoir honte d'être là, pas nous. Et je ne sais ce qui rendrait son auteur le plus fier, de la voir sur ce mur chaque jour, ou que nous nous donnions la peine de l'effacer. La peinture s'écaillera sur elle aussi, la pierre, elle, est intacte. Vous comprenez ?

— Pas vraiment. Pouvez-vous au moins me dire dans quel quartier nous sommes ?

— Wrzeszcz. »

Les voyelles, c'est en option ici. Je prends congé du rabbin pour regagner au plus vite l'hôtel Chopin avant la tombée de la nuit. J'ai honte de l'avouer, mais j'ai peur quand il fait noir et que je suis dehors.

« Avant cela, puis-je récupérer mon chapeau s'il vous plaît ? »

J'ai machinalement enfilé le sien aux larges bords rigides après l'avoir ramassé et parle de mes malheurs depuis tout à l'heure, avec, fiché sur la tête, le chapeau du rabbin.

J'arrive enfin à l'hôtel, en nage, avec à la main une bouteille de vodka Chopin. La moquette jaune moutarde colle sous mes pieds, le couvre-lit à motifs dorés semble tanguer, la photo de Jean-Paul II, en chasuble rouge, les mains jointes, me nargue. Son petit sourire m'est adressé. Si tu étais une bonne chrétienne, tout cela ne t'arriverait pas, ma fille ! Mais je n'ai rien fait, mon Père, ce n'est pas moi ! Moi je veux juste qu'on m'aime. Est-ce là trop demander ?

Je me suis toujours moquée de ces femmes qui passent leur temps à se plaindre de la lâcheté masculine. Eh bien, maintenant que je commence à guetter chaque matin l'apparition de mon premier cheveu blanc, j'ai sauté à pieds joints dans le cliché. Comme beaucoup de mes amies, j'ai fait tout ce que je pensais que l'on attendait de moi. Des études afin d'obtenir un métier, me construire une carrière qui fasse de moi une femme qui ne dépendrait pas d'un homme pour se sustenter. Surveiller mon poids. Apprendre à m'arranger, à maîtriser avec plus ou moins de réussite les codes de la féminité. Je traque les poils, les fourches, les capitons et les cuticules, tout en ayant appris à ne pas me réduire à cela. Je lis, je pense, j'écris. Je n'attends pas tout d'un homme tout en lui laissant suffisamment de place dans ma vie pour s'ébattre à loisir. Je suis fidèle sans avoir besoin de me marier. J'aime plaire sans avoir besoin de faire l'unanimité. Bref, je travaille sur moi, j'essaie de m'améliorer. Et pourtant cela ne va pas. Cela ne semble pas assez. Et maintenant ? Elle est où, ma récompense ? Est-ce donc d'avoir rejoint l'armée de celles qui s'assument et qu'on appelle les « filles bien », si bien qu'elles sont seules ? Est-ce parce que j'ai évincé tous les machos qui pointaient le bout de leur nez que je suis punie en ne trouvant plus d'homme ? Je ne sais plus ce que je veux, je veux tout. Quelque part entre le féminisme et l'horloge biologique, j'ai perdu le nord. Les filles aptes à la vie amoureuse, au quotidien, aux doubles vasques, je les ai vues se rassembler en formation en V vers le mariage et les enfants. Moi, pendant ce temps, avec quelques autres gourdasses qui voulaient rêver d'autre chose, je lisais Malraux. Je les ai regardées d'en bas s'envoler, et je suis restée. Il commence à faire froid, et il n'y a plus rien à manger.

Ma colère se dissout dans la vodka Chopin, elle s'est gazéifiée... J'ai dans la bouche un goût amer. Comme un sentiment de solitude collé à mes semelles et dont l'odeur me suit à chaque pas.

Les trentenaires se sont casés, il ne reste de disponible que les postpubères et les préprostatiques, les hommes de vingt ans et ceux de plus de quarante. J'ai de la chance, plus ils vieillissent, plus je leur trouve de l'intérêt, j'ai le cœur archéologue. Sauf qu'à cet âge-là l'homme devrait se balader avec le sigle des convois de déchets radioactifs sur le dos de leur chemise en lin. On ne sait le manier. Un geste l'effraie, un rien lui rappelle son passé, celles qu'il a quittées, celles qui l'ont laissé. On ne peut l'approcher sans qu'il vous dise : « Je ne veux plus de ceci, je n'ai plus envie de cela. » On doit s'adapter à la cartographie des blessures de cet être qui veut encore se sentir aimer, sans avoir à s'impliquer. Il met la femme à distance en même temps qu'il la souhaiterait plus près. Il dit ne plus vouloir qu'on lui prenne la tête, mais il se la prend très bien tout seul. Il est au milieu de sa vie, mais lorsque vous lui demandez où il veut aller, il ne sait pas, et préférerait rester là, ne plus bouger, car il se sent enfin à peu près stable. Il aimerait que la machine avance, sans avoir à pédaler, parce qu'il est fatigué. En voiture Simone, t'as qu'à conduire, j'vais faire un p'tit somme.

Moi, je place ma barque sur l'eau, je tends la main et j'attends que l'un d'eux vienne s'y poser, branchies en éventail. Je n'ai pas envie d'être la femme d'après. Après l'épouse, après la mère des enfants, après une grande passion. Je les écoute me raconter tout ce qu'ils ont donné pour elles, tout ce qu'elles lui ont pris, et je me demande : que reste-t-il pour moi ?

Quand je pense que je me suis déjà fait quitter à l'aéroport Montréal-Trudeau, d'un simple « Désolé, je ne suis pas prêt », en doudoune jusqu'aux yeux, par moins trente degrés, entourée de Québécois joviaux m'encourageant à ne pas « brailler pour un *cheum* ». Il a fallu que je vienne étouffer à Gdansk pour recommencer. Mais personne ne veut me quitter proprement, à l'ancienne, face à face, à une terrasse de café parisien, comme tout le monde ? La table serait minuscule, on serait serrés, le garçon de mauvais poil, cela nous mettrait dans l'ambiance. Il y aurait du vin décent, il la sortirait, sa phrase, et je lui jetterais, mon verre au nez, sa chemise serait toute tachée, comme la marque de l'opprobre. Le serveur arriverait et lui tendrait l'addition, deux verres de vin, vingt euros, tiens, à ta santé, tocard !

Car ce n'est pas tout de se dégoter un célibataire qui ne craint pas de s'engager. Encore faut-il savoir reconnaître les hommes prêts émotionnellement. La tâche est malaisée, ils ne se baladent pas avec un minuteur au-dessus de leur tête, qui sonnerait lorsque le temps de cuisson serait achevé. Michael, 45 ans, séparé, un enfant, temps de cuisson restant : 8 mois et 2 jours ; Alexandre, 37 ans, divorcé, sans enfants, temps restant : 6 semaines pile. Je ne peux quand même pas me balader avec un thermomètre ! Entre ceux qui ne veulent pas être prêts mais sont disposés à se laisser faire, et ceux qui disent l'être mais ne le sont pas, c'est à vous passer l'envie de manger. Au final, c'est toujours froid et cela vous reste sur l'estomac.

J'en ai bien croisé, des types, bouquet de fleurs à la main, qui voulaient de moi, mais comme Dieu n'agréa pas le don de Caïn, je n'agréais pas leurs roses carmin. Je me demande bien pourquoi c'est toujours ceux qui ne me plaisent pas !

« Parce que tu ne t'aimes pas assez ! » Qui a parlé, Jean-Paul II ou moi ? Qu'elle est facile cette phrase ! Ce n'est pas supposé être le travail des autres, ça, de Jésus, de mes parents, d'un mari, de m'aimer ? Ce n'est pas facile de s'aimer, lorsque personne ne l'a fait. Mais en effet, dans cette chambre d'hôtel, toute seule, à trente-trois ans, il est peut-être temps de se l'avouer. Je ne mène pas la vie que je voudrais. J'ai comme un trou dans le cœur.

Le téléphone s'entête à sonner. *Léna.* Je me sens si seule que, pour la première fois depuis des années, je lui réponds. Un geste machinal sans penser aux conséquences, juste un mouvement du doigt sur un écran. « C'est moi », me dit un filet de voix. Évidemment que c'est elle. Comme si je ne le savais pas. Comme si je la connaissais, alors que je ne la connais pas. Je la vois pourtant chaque matin lorsque je me regarde, c'est ma mère. Ma mère biologique.

« Je suis si contente que tu répondes enfin. Je veux te voir. » Cela fait trente ans, Léna, c'est un peu tard, tu ne crois pas ? Je me suis construite sans toi, je ne te déteste pas, mais je ne ressens rien à ton endroit. Il n'y a pas de place en moi pour toi, je suis désolée. Qui va à la chasse perd sa fille, c'est comme ça.
« Il faut vraiment que je te voie, s'il te plaît.
— Je ne suis pas prête, c'est peut-être trop tôt », m'entends-je lui dire, répétant les mots de mon fiancé démissionnaire, un peu pour voir ce que cela fait.
« J'ai... je suis malade. »
Ah la belle ruse, le beau cliché ! Le coup de la mère souffrante, c'est d'une banalité !
« Je suis dans le service des soins palliatifs... À l'hôpital... J'ai un cancer. Généralisé. »
Je ne la crois pas. Il est si grave qu'il en est grotesque, ce mot. Après un moment de silence, son médecin se charge de me détromper. Cela a commencé au sein, puis cela s'est attaqué au foie, aux reins, aux intestins et puis la peau, pour ne rien laisser d'indemne derrière soi.
« Et pour le même prix, vous ne pouvez pas lui mettre aussi un cancer des os ? Cela fait un peu chiche, sinon. »

Le médecin ne rit pas.

« Mademoiselle, vous êtes sous le choc, je comprends.

— Je ne suis pas du tout sous le choc, ma vie entière est une succession de chocs ! D'ailleurs, je ne sais même pas ce que c'est que de vivre hors d'un état de choc, j'habite dedans !

— Nous sommes habitués à gérer les réactions des familles de patients, c'est normal. Mais c'est mon rôle de vous avertir de la gravité de son état.

— Écoutez, moi je ne peux pas venir, j'ai un dîner avec Jean-Paul II et un rabbin chez Chopin. On mange du poulet avec de la crème, on se fait la moustache et on lit le Talmud.

— C'est l'affaire de quelques jours seulement. Une semaine, grand maximum. »

Une semaine ? C'est à croire qu'elle le fait exprès. Dans une semaine, j'aurai trente-quatre ans. Ce sera mon anniversaire. Le sien aussi, puisqu'elle a eu la bonne idée de me faire naître le même jour qu'elle avant de m'abandonner, afin que chaque année je ne puisse souffler une bougie sans me demander pourquoi elle est partie. Et je forme le vœu qu'il en soit autrement pour le prochain gâteau.

Parfois j'ai besoin de me rassurer. Quand ma tête est défaite, je me parle comme à une enfant, puisque tu ne l'as pas fait. Je me prends par la main, je prononce les mots que j'aurais aimé entendre de toi, de quelqu'un qui veillerait sur moi, qui aurait des bras immenses pour m'envelopper de « ne t'inquiète pas ».

J'ai appris à me consoler seule lorsque j'ai envie de pleurer, à chercher du menton mon épaule pour avoir quelqu'un à toucher, à me raconter une histoire, celle du jour où lorsque je me réveillerai, tout aura changé. Je serais toute petite, et levant les yeux, juste entre mes pieds et le soleil, il y aurait la hauteur de maman. Jamais plus je ne cauchemarderais la nuit en me demandant si un monstre m'a capturée pendant mon sommeil. Mais tu n'étais pas là, j'ai appris à chasser les monstres de sous le lit. J'ai été ma petite souris, mon chaperon rouge, le loup et la grand-mère. Puisqu'il n'y avait personne le soir pour me lire une histoire, j'ai appris à me les raconter.

Les draps grattent, ma tête trotte, mes mains gigotent, impossible de dormir en attendant le vol de 6 h 45 pour Paris. Il me manque, celui qui vient de me quitter, mais pas celle qui m'a donné la vie Pourtant, je respire lourdement. La chaleur m'oppresse, je suis en plongée, bouteille sur le dos, je descends dans une fosse dont une profusion de coraux cachaient jusqu'alors le gouffre. Peut-être que c'est ce qui les a fait fuir, les plongeurs inexpérimentés, ce vide dont ils ne voyaient pas le fond. Sans doute cherché-je en chacun d'eux les bras originels, capables de m'envelopper tout entière, des « je t'aime » prononcés à une femme, pour réparer une enfant qui en est avide.

L'Amérique

Des cris de femme dans l'escalier, des bruits de bousculade, la voix d'un homme blessé qui pense retenir par la menace celle qui vient de le quitter : « Tu ne reverras plus ta fille. » On parle de moi, mais qu'en sais-je ? J'ai trois ans et la vue d'une mouche volant en zigzag sous le plafonnier détourne mon attention. La menace devient ultimatum, « Tu vas le regretter ! », c'est l'escalade des mots, la course au déchirement. « C'est ce qu'on va voir », répond comme un missile sol-air lancé depuis le trottoir ce petit bout de femme d'à peine un mètre cinquante qui se fait passer dans les night-clubs pour le sosie de Mireille Darc. Tant de choses surviennent alors qu'on est encore dans l'inconscience des couches, dans la mollesse des dents de lait, qui, toute notre vie, nous feront garder les mâchoires serrées.

La mouche s'envole par la fenêtre ouverte, quelqu'un vient me chercher. J'emporte avec moi une valise en plastique bleu qui contient toute ma collection de Playmobil. Nous roulons longtemps, les villes n'ont pas encore de nom, elles sont des odeurs ou des sons. On me présente des gens, ce seront eux maintenant mes parents. Il faudra être sage comme une image, me fait-on promettre. Pour ne pas créer de difficulté, j'essaie de me faire plus petite que je ne suis, alors je refuse de manger. Chaque jour en fin d'après-midi, c'est l'heure de la poire. On me tend avec insistance ce fruit dont la peau rugueuse et tachée me fait peur. « C'est bon pour ta santé, ne te fais pas prier », me répète ma nouvelle mère. Du bout des doigts, je la balance par la tige jusqu'à ce que celle-ci cède et fasse tomber le fruit, ce qui me vaut d'être punie.

On m'arrose, je pousse, cela s'arrête là, mon rôle d'enfant. La maîtresse, chaque début d'année, me demande pourquoi je ne vis pas avec mes parents. Je ne sais que lui répondre, si bien que je ne réponds pas, et l'on me punit à nouveau. Puis je commence à regarder ce que les mères des autres apportent au goûter, et, sous les platanes de la cour de récréation, je sens bien que quelque chose est différent.

Mon père vient de temps en temps me rendre visite, une fois par mois d'abord, puis les mois deviennent des ans. Il est très occupé, me dit-on, le temps lui manque pour me voir. Étonnamment, son absence ne me dérange pas plus que cela. Je lui ai trouvé une explication. Il est célèbre, c'est Serge Gainsbourg. Tout concorde dans ma tête : il a d'autres enfants, il fait des tournées et ne marche pas droit, voilà pourquoi on me tait son identité. C'est ce que je réponds fièrement au maître l'année de mon entrée au cours élémentaire – « Mon papa ne peut pas m'élever, il chante des chansons à la télé » –, ce qui me vaut bien évidemment une punition. Je ne pose pas de questions sur lui, c'est notre secret, il me fait des signes à chaque apparition dans un programme de variétés. Sur ma mère j'en pose, mais on ne me donne hélas jamais la même réponse. C'est une fille de mauvaise vie, un oiseau de nuit, elle danse pour les messieurs à l'heure où les enfants doivent se coucher. Alors je dessine derrière le trait rouge de la marge de mes cahiers un oiseau tout noir avec de longs cheveux, toujours en haut, dans le coin.

Et un jour elle est venue. J'étais droite et inutile comme un i sans consonne sous mon platane préféré, à regarder les autres jouer et se courir après. Une voiture sans toit, toute rouge et qui brille, s'arrête devant l'école Sainte-Marie. La créature déploie ses ailes jusqu'à la grille. Elle a jusqu'à ses reins des cheveux de poupée d'un blond aussi clair que le mien, avec une banane sur le dessus, des boucles d'oreilles en forme de triangle rose, une jupe de cuir noir. D'un doigt posé sur ses lèvres, elle me fait signe de venir jusqu'à elle, et me montre silencieusement comment escalader le portail. Arrivée au sommet, jamais je n'ai été aussi haut : la cour d'école et les autres enfants sont soudain minuscules. Elle tend ses bras pour me cueillir, caresse mon visage de ses ongles aussi rouges que la carrosserie, longs comme mes doigts, qu'elle serre fort tandis qu'elle se hâte vers la voiture en regardant derrière elle. L'instant d'après, installée sur le siège avant, je suis plaquée par l'accélération. Dans le vent, mes cheveux se mêlent aux siens ; j'ai l'impression d'aller plus vite que le monde.

Au feu rouge, elle sort de son sac un flacon de vernis, qu'elle badigeonne sur mes petits ongles rongés, et avant que je ne puisse me barbouiller le visage du liquide hautement coloré, lève ses deux mains vers le ciel en me faisant cette précieuse recommandation : « Pour une manucure réussie, rien de plus simple, il suffit d'un cabriolet et de lever les bras comme si tu étais dans un manège ! » Elle appuie sur le champignon dans les rues de Paris. Je suis baptisée au rouge vinyle.

« Où veux-tu aller ? me demande-t-elle.

— À la maison.
— Ça n'existe pas, faut trouver autre chose.
— En Amérique !
— Pourquoi là-bas ?
— Il paraît que c'est l'endroit où se fabriquent les rêves. Il y a des cow-boys, des animaux, des banquiers, même Mickey, et les gens portent des lunettes de soleil. »

Journal *Le Figaro* du 19 octobre 1988, « Avis de recherche BMW série 3E30 couleur rouge avec autocollant "Bowling" sur la carrosserie arrière, Léna Chrétien, 46 ans, 150 cm, Enaid Darmen, 6 ans, 99 cm. »
« C'est encore loin l'Amérique ?
— On est arrivées. »
C'est beau. Les enseignes sont gigantesques et lumineuses, roses, bleues, vertes, elles clignotent dans la nuit. Les gens nous dévisagent, un homme nous emboîte le pas. Sans doute lui aussi veut-il aller en Amérique. L'oiseau s'arrête devant un magasin, prend ses clés dans sa main et me montre comment les tenir fermement entre mes petits doigts. « Si quelqu'un te suit, fais semblant de regarder une vitrine, même si la boutique est fermée. Regarde bien son visage dans le reflet, pour t'en souvenir. S'il ne passe pas son chemin, enfonce les clés de toutes tes forces dans son ventre, comme ça », me dit-elle en mimant le geste. Enfin, nous entrons dans l'Amérique. À l'école, les livres ne m'avaient pas menti. Il y a là des hommes qui portent des lunettes de soleil, des banquiers avec des mallettes. Un moustachu avec un chapeau de cow-boy, un gilet sans manches de cuir clair et un foulard rouge me fait faire le cheval sur ses genoux.

Je m'ennuie un peu de mes nouveaux parents, auxquels je me suis attachée, même s'ils sont âgés, ont déjà les cheveux blancs et ne découvrent jamais leurs dents pour rire mais seulement pour manger des poires. « Y a-t-il la mer en Amérique ? Je voudrais y aller. » Le jour s'est réveillé avant moi, endormie sur la banquette arrière du cabriolet rouge de Léna, enroulée dans un manteau de fourrure. Touffu, épais, gris, blanc et tacheté de marron, il me donne l'impression d'être dans le giron d'une louve assoupie.

« Regarde devant toi !
— Comment s'appelle cet endroit ?
— Omaha Beach. »

L'air frais pique mes joues tandis que mon corps tiède s'abandonne à la louve. Lunettes de soleil sur le bout du nez, Léna s'assoit sur le capot de la voiture garée sur le bas-côté de la route avec ses collants troués et ouvre une barre chocolatée qu'elle coupe en deux. Je la rejoins, la fourrure traînant jusqu'à mes pieds me donne l'impression d'être une reine, elle m'en tend la moitié. Assises au-dessus du moteur chaud d'avoir roulé une partie de la nuit, je mâche avec application le caramel. Face à moi, en contrebas, une lande tricolore presque irréelle, l'herbe verte d'abord, le sable d'or ensuite, puis enfin la mer, bleue, qui tout au bout de sa course va embrasser le ciel de ce matin d'automne.

À droite, un panneau indique la direction du cimetière américain. Le sentier vite avalé, Léna ses talons à la main, moi la fourrure en guise de cape, nous voilà sur la plage, à contempler le rien. « Va t'amuser au bord de l'eau ! » me lance-t-elle avant de s'allonger pour dormir un peu. Rétrospectivement, dire à une enfant de six ans d'aller jouer toute seule au bord de l'océan n'est pas la meilleure des idées. Elle est incroyable cette mer américaine ! Arrivant sur le sable, elle se transforme en une écume beige qui va et vient, fait rouler jusqu'à mes pieds une bouteille de bière verte, qu'elle remporte avec elle, puis ramène. Je suis hypnotisée par le mouvement de cette bouteille de verre, qui se lève, semble en suspension, disparaît dans les remous, s'écrase au sol, roule enfin sur la grève et repart. J'ai besoin de la suivre, d'aller moi aussi dans la mer pour voir ce qu'il y a dessous. Le coup de la disparition est une franche réussite ! Je suis comme aspirée dans une lessiveuse, je me débats, me réveille sur le sable, en culotte, les cheveux pleins d'algues gluantes, un pompier tâchant de me faire cracher l'eau salée dont je me suis gorgée.

Pour me faire oublier ce triste épisode, de retour en ville, nous allons au zoo voir des animaux américains. Nous avons de la chance : en semaine, le matin, tout le monde est au travail, ou à l'école, mais pas nous. Le personnel s'apprête à nourrir les capucins, qu'on appelle singes du Nouveau Monde. Ils ont l'air si doux avec leur pelage noir et leur tête blanche ; de vraies peluches ! Je plonge ma main dans le seau en plastique contenant des fruits séchés et des larves d'insectes, que le soigneur leur distribue au milieu de l'enclos, provoquant une ruée de singes qui s'invectivent, se griffent et roulent en boule au pied des arbres, puis en glisse une poignée dans chacune des poches de mon imperméable. L'imprudent employé n'a refermé que la serrure supérieure de la porte du grillage derrière lui. Celle du bas laisse un entrebâillement de la taille d'un capucin. Ils m'appellent de leurs cris, j'ai envie de les caresser, je m'y faufile. L'un d'eux sort de la mêlée, se fige. Un autre, plus petit, vient jusqu'à moi. Il s'agrippe à ma jambe et l'enlace de ses pattes. Je ris aux éclats, il m'aime ! Regarde, Léna, il m'aime ! Restée à l'extérieur où elle a repéré un mâle qui fait le paon autour d'elle, Léna ne m'écoute pas. Un autre capucin, suivi de sa bande, s'approche au galop, il grimpe sur mes épaules, deux autres se fichent dans mes cheveux qu'ils se mettent à tirer de chaque côté. Mes hurlements les excitent de plus belle, les singes s'égosillent aussi, d'autres me font les poches et en dévorent le contenu, leurs frères, jaloux, attrapent mes manches. Leur mère accourt et me mord le mollet ! Le soigneur saisit une épuisette, qu'il agite devant eux pour me sauver. Mais impossible de déloger ceux qui ont planté leurs griffes dans mes couettes. Armé d'un sécateur, il coupe les grandes mèches blondes d'un geste vif. Les capucins emportent mes cheveux, victorieux : j'ai la tête au carré. C'est drôlement sauvage, l'Amérique. Le monsieur qui tourne autour de Léna m'offre une sucette. Maigre consolation.

Nous continuons la visite avec lui. Je marche à l'ombre et n'ose plus soutenir le regard des animaux, jusqu'à ce que je tombe nez à bec avec une bête inouïe. Rose de partout, on dirait qu'elle est montée à l'envers. Le corps est comme un œuf tout en plumes posé sur deux échasses. Le cou se plie sur lui-même tant de fois qu'il semble onduler comme un serpentin. D'un coup il se redresse et l'on dirait le télescope d'un sous-marin. Il se tient sur une patte, pliée vers l'arrière, si bien que le bas ne va pas dans la même direction que le haut. Soudain il étend ses ailes aux bordures noires, qu'il fait vibrer comme celles d'un papillon. C'est la chose la plus merveilleuse sur laquelle mes yeux se soient posés, une bête qu'on ne voit que dans les dessins animés. Je ne veux plus bouger de peur de la faire fuir. Oubliés mes cheveux, je souris comme jamais. Elle défie toutes les lois de la gravité. À la fois gracieuse et ridicule, elle semble si légère que je ne sais pas si elle est faite pour nager, pour voler ou pour marcher. Je ne comprends pas comment les deux aiguilles à tricoter qui lui servent de pattes peuvent soutenir ce danseur de ballet en tutu rose et le regarde en me demandant si elles ne vont pas céder à chaque coup de vent. Mais il semble totalement impassible, inconscient de sa prouesse, en suspension. S'il existe, c'est que tout ce que je peux imaginer de plus fou peut aussi exister quelque part sans que je le sache ou le voie jamais.

« Ce sont eux qui livrent les bébés ?

— Oui, oui, c'est bien », me répond Léna d'une voix lointaine, affairée dans la cabane du gardien. Quelle aubaine ! J'ai l'impression d'entrer dans le secret du ciel et de la vie grâce à ces bêtes roses semblables à des bonbons.

Le jardin des Plantes doit fermer, il est temps de partir. Je ramasse une plume tombée au sol, sur le bord de la volière. Je la tremperai dans un encrier, et ferai mes rédactions en tenant fermement dans la main gauche cette plume rosée que je cache sous mon chandail, de peur qu'on ne m'empêche d'emporter avec moi ce trésor.

Le soir, à la nuit tombée, il fait chaud en Amérique. Les femmes s'habillent de robes courtes qu'elles finissent par enlever. On y boit des jus de toutes les couleurs, des filles qui sentent bon me donnent des baisers, c'est un endroit merveilleux, tout le monde parle français. Le climat ne doit pas bien réussir à Léna car, au matin, elle a le visage tout gonflé, des gouttes de sang tombent de son nez.

« C'est le milieu, c'est comme ça. Ça fait mal puis ça passe.

— On ne devrait pas rester au milieu alors, on devrait plutôt se mettre sur le côté.

— Tant que tu saignes, c'est que tu vis », me sourit-elle, la lèvre ouverte comme une pêche.

On nous retrouvera une semaine plus tard au club privé de Paris *Pink Flamingo*. Christophe Colomb découvrit l'Amérique pensant arriver aux Indes, j'ai accosté à Pigalle pensant atteindre le Nouveau Monde.

Des policiers me questionnent, je me suis bien amusée. Le juge pour enfants auquel je fais le récit de notre voyage semble quant à lui effaré. « La pauvre petite, elle ne se rend pas compte de la réalité ! » Comment le pourrais-je, puisqu'on me la tait. C'est bien le signe de la dangereuse emprise que cette femme cherche à exercer sur moi. Il faut à tout prix m'en protéger, pour mon bien. L'homme de loi, sur son estrade, avec sa robe noire et son marteau de bois, insiste sur ce point : « Elle pourrait être traumatisée, c'est très grave ! » Je me mets à pleurer, ce qui ne fait que confirmer son exposé. « Voyez l'état de cette enfant, je préconise que cette mère irresponsable soit punie à la hauteur de ses méfaits. »

On me livre aux mains d'un psychologue afin d'expertiser le contenu de ma petite tête. Je ne sais pas où ils sont allés chercher ce grand dégoûtant qui me montre des feuilles de papier pleines de taches d'encre et me demande ce que j'y vois ! Les conclusions du docteur Jean-Claude Marmonne sont des plus parlantes. « Le sujet montre une personnalité sans troubles de structure, ses fonctions cognitives représentent 143 % des possibilités d'un enfant de son âge. Tendance à un hypercontrôle de ses actes et de son discours, fuit dans l'imaginaire pour construire une famille idéale où son père et sa mère sont unis et au sein de laquelle elle peut vivre sans tension.

Elle ne saisit pas l'existence de l'ordre de la loi garantissant les règles de la vie humaine et sociale. Ne possède pas l'idée de nombre. »

Sans doute parce que déjà je sais que je ne peux compter que sur moi. Depuis son perchoir, le juge prononce son verdict : « Déchéance des droits parentaux à l'encontre de la mère. » L'oiseau est mis en quarantaine.

Paris

Ma mère adoptive, épouse d'un horloger originaire de Mézières-sur-Oise, femme pieuse dormant avec un Christ en ivoire sur fond de velours rouge au-dessus de son lit, n'est pas une femme à attendre que le traumatisme soit là, elle l'anticipe. Yvette craint secrètement que je n'aille en enfer pour les péchés de ma mère, auxquels s'ajoutent les scènes de débauches que j'ai dû entrevoir. Aussi demande-t-elle au prêtre de la paroisse du quartier si d'avoir été témoin à mon insu fait de moi une pécheresse. « Hélas oui », confirme le père Jean-Pierre. Elle lui avoue alors que je fais des cauchemars la nuit, refuse de manger le jour. C'est bien là la preuve du malin qui s'est installé ! Le père Jean-Pierre est également exorciste à ses heures perdues. Tandis que mon père adoptif a le nez dans ses pendules, en noyer, en acajou, Louis XV ou hollandaises, Yvette m'embarque pied au plancher dans le plus grand secret à la paroisse. Il faut à tout prix éviter que la chose ne s'ébruite. Prévenu de notre arrivée, le père nous attend devant la porte arrière de l'église afin de garantir notre discrétion. Personne ne doit connaître ma basse extraction, mon origine honteuse. Que dirait-on dans le quartier ! Cela ferait fuir les clients convenables de l'horlogerie !

Joufflu et immense, le père Jean-Pierre ferme la porte de son bureau à clé derrière nous, me fait asseoir sur une chaise en bois au cannage de paille. Il se poste face à moi. Dans son dos, les vitraux colorés laissent passer une lumière d'arc-en-ciel fané qui donne à la pièce une atmosphère étrange. Il s'empare d'un encensoir doré qu'il balance à ma droite, puis à ma gauche, en bredouillant en latin. Il pose sa main gauche sur mon crâne et appuie lourdement son pouce sur mon front, plante ses yeux dans les miens et, au milieu des volutes de fumée qui ont pour seul avantage de masquer son haleine nauséabonde, me demande si je suis prête à renoncer au malin. J'éclate en sanglots. Il se tourne vers mon accompagnatrice au comble de l'inquiétude, pour laquelle la soutane vaut la blouse du médecin, et lui dit : « Vous voyez ? C'est le signe de l'emprise. Il refuse qu'on le chasse. » Il lui demande de me tenir fermement tandis que, debout au-dessus de moi, il commence à m'enfumer comme un terrier de lapin, m'enjoignant de reconnaître Jésus-Christ comme mon unique sauveur, et, l'affaire semblant corsée, suant à grosses gouttes, il s'adresse même directement aux forces démoniaques afin de les terrasser, les sommant de me quitter. Pour asséner le coup final, il sort un bidon en plastique sur lequel figure peinte en bleu une sainte Vierge, menace encore le vilain et m'asperge enfin copieusement d'eau bénite du visage jusqu'aux pieds. Totalement stupéfaite, j'en oublie de pleurer.

« Elle est sauvée ! » triomphe-t-il en fixant Yvette, qui, les larmes aux yeux, me demande de le remercier ; mais je n'ose plus le regarder. Ce qui lui vaut de me traiter d'ingrate. « Les enfants, ils ne savent pas ce qu'ils disent », s'excuse-t-elle avant de m'installer dans la voiture sur une serviette éponge, pour ne pas abîmer les sièges.

Des dents commencent à tomber, d'autres poussent, et la raison naissant en mon esprit opère sur les souvenirs de cette semaine américaine. Pour continuer à pousser, j'élague. J'ai oublié Léna, sa silhouette qui rôde et se voûte peu à peu sur ses talons, près de la grille de l'école.

Pour empêcher qu'elle ne s'empare à nouveau de moi, Yvette m'a mise en cage, comme un coucou dans une horloge dorée. Aucune sortie n'est autorisée, je n'ai donc plus d'amis tandis qu'elle n'a plus l'âge de s'amuser à jouer avec une petite fille. Je ne cherche plus à comprendre pourquoi ma vie entière ressemble à une punition, il y a la vie des autres, puis il y a moi.

Elle est née sous X en pleine guerre, ma mère, le 17 mai 1944 au Touquet-Paris-Plage, à quelques jours du Débarquement. Ses parents ont peut-être été raflés ou l'ont cachée là sans lui transmettre leur nom, pour la protéger. Ainsi, dès qu'au collège les cours d'histoire se sont portés sur cette période, je ne sais pas pourquoi, j'y ai trouvé une explication à mon cas. Je ne suis pas une enfant abandonnée, c'est la faute de la Shoah. Ma mère a été privée de ses parents à cause de cela, a été élue puis maudite, et la chaîne a continué, j'en suis simplement un des maillons.

Je suis juive sans le savoir. Cela expliquerait mon sentiment de porter le poids du monde sur mes épaules, l'impression d'avoir été exilée loin d'une terre promise que je n'ai jamais connue mais que je sens quelque part en moi ; pourquoi je me sens souvent jugée, rarement bienvenue. Yvette en fait tourner sa béchamel lorsque, de retour du collège, je lui annonce ma résolution de me convertir au judaïsme dès le lendemain. Le processus étant assez long, mieux vaut ne pas tarder si je ne veux plus être goy à ma majorité. Devenir juive ne me rendra pas ma mère, mais peut-être qu'enfin ce vide se taira. Je saurai qu'il existe une terre pour moi, prise entre deux mers où je n'aurai plus soif. Il y aurait un contingent de mères armées de casseroles et de baisers, de « couvre-toi tu vas prendre froid, est-ce que tu as mangé, ne rentre pas tard, je t'aime, ma fille, je suis fière de toi ». L'ironie a fait que l'institution catholique à laquelle Léna avait été confiée l'avait appelée Chrétien, un patronyme qu'elle doit sans doute blasphémer chaque soir.

Einstein dit que Dieu ne joue pas aux dés. Tu parles, Albert, en ce qui me concerne, c'est plutôt un joueur compulsif à une table de craps dans un casino. À ma naissance, des fées se sont penchées sur mon berceau. Il y avait les meilleures qu'on puisse souhaiter, celles que tout le monde s'arrache : celle de la minceur, celle des yeux bleus et celle de la matière grise. Mais pas de quoi jaser, elles ont dû ce jour-là abuser des apéritifs. Des fées bourrées. Elles se sont trop penchées, elles ont chuté et se sont endormies lourdement. C'est la seule explication. Le pire m'arrive toujours. S'il y a une seule araignée dans une forêt, elle est capable de devenir venimeuse rien qu'en me voyant.

Avec moi, la loi de Murphy accède au stade supérieur. La tartine, chez moi, ne se contente pas de tomber sur le côté où la confiture est étalée. Elle tombe quand je suis habillée en blanc. Finit sa course sur mes chaussures neuves. Le sucre attire une abeille. Qui me pique. Je fais une allergie. L'ambulance rentre dans une voiture. Conduite par mon ex. Avec sa nouvelle compagne. Sublime et sympa. Murphy n'a qu'à bien se tenir, il joue petit bras face à la loi d'Enaid, la mienne : tout ce qui est susceptible de mal tourner tournera encore plus mal qu'on aurait humainement pu le prévoir.

Ma mère adoptive n'a depuis qu'on m'a confiée à elle qu'un seul dessein : faire en sorte que je ne devienne pas une traînée ; comme ma mère, cela s'entend. Son objectif est noble, réussir la tâche qu'on lui a confiée, enlever une enfant à une roulure et en faire une femme bien. Yvette n'a nullement anticipé les découvertes de la mémoire cellulaire et transgénérationnelle mais, le père Jean-Pierre l'a dit, la luxure est partout où on ne lui fait pas barrage.

Malheureusement, son but tourne à l'obsession. Elle me scrute en permanence d'un œil inquiet et réprobateur qui ne laisse plus de place à l'expression d'un autre sentiment. Elle guette l'apparition de tout bourgeon de féminité naissant, toute manifestation de coquetterie. Sauf que la loi d'Enaid rôde toujours, les fées n'ont pas décuvé. C'est donc logiquement que je deviens femme à peine ma onzième année célébrée. Ma connaissance du système reproducteur s'approche de zéro. J'ai entendu qu'il y a à l'intérieur des trompes, et je me suis figurée qu'il doit y avoir une tête d'éléphant ; la suite m'est inconnue. Toute question est réprouvée : « Voyons, Enaid, cela ne va pas de poser des questions dégoûtantes à ton âge, tu veux finir comme ta mère, c'est cela que tu veux ? Avec des messieurs qui te tapent dessus ? » Aussi nullement au fait de ce qui m'attend, lorsque, ce matin-là, je me réveille souillée, je décide de faire preuve de sang-froid et de rédiger un testament.

Sur ce point à l'inverse, je suis des plus renseignées. Mes parents adoptifs ont tellement peur d'être emportés et de faillir à leur rôle qu'ils m'ont tout expliqué de la marche à suivre en cas de décès. Je connais l'endroit où sont cachés les bijoux d'Yvette, le numéro du notaire, et ils m'ont en prévision de ce jour terrible emmenée voir le couple d'amis qui serait chargé de me garder. Ceux-là sont plus âgés encore. L'homme porte une moumoute, la femme un brushing typique des années 1980, tel un casque de football américain fixé à la laque forte. Ils n'ont pas eu d'enfants, seulement des chiots. Des boxers, auxquels ils mettent des couches et donnent le biberon.

Le juge a mis en garde Yvette : « Si vous venez à disparaître tous les deux, elle sera encore traumatisée. Cela peut être dangereux pour son équilibre. Prenez vos précautions. » Alors, d'un commun accord avec André, ils ont décidé de ne plus jamais être au même endroit au même moment.

Ainsi, si la chaudière explose, un seul des deux sera pulvérisé ; si une voiture les percute, un seulement sera amoché, l'autre veillera toujours sur moi. Cela implique que jamais nous ne partons en vacances, car André trouve injuste que l'un profite de changer d'air sans l'autre. Tout restaurant distant de plus d'un kilomètre de chez nous est également banni, car il est impensable de se trouver ensemble dans la même voiture.

Ainsi André passe-t-il toutes ses journées dans sa boutique, entouré de tic-tac à la rassurante régularité, tandis qu'Yvette suit mes fréquentations de près. Chaque fois que je lui demande de l'aide pour mes devoirs, m'habiller ou me donner un bain, la réponse est la même : « Enfin Enaid, tu es grande, on ne sera pas toujours là, tu dois apprendre à te débrouiller sans nous. Et si on mourait, hein ? » Et chaque nuit, la lumière sitôt éteinte, cette idée vient me hanter, provoquant des cauchemars terribles qui me réveillent en pleurs. Je suis seule perdue au milieu d'une ville immense, où l'on ne parle pas ma langue, j'appelle et personne ne vient. Pour mon bien, lorsque Yvette m'entend, elle ne vient pas me consoler, et si André est sur le point de céder, d'ouvrir la porte de ma chambre et de me prendre dans ses bras, elle l'en dissuade. « Il ne faut pas l'habituer à cela. » Je pleure ainsi toute seule tandis qu'ils se disputent, jusqu'à ce qu'Yvette conclue : « La pauvre petite, elle a été traumatisée par sa mère. Le père Jean-Pierre me l'a bien dit, le juge aussi. » Yvette a également les cheveux blonds et les yeux bleus, si bien que je finis par lui ressembler, au-delà de l'apparence. Sa mère aussi vient de l'Assistance publique.

À onze ans je n'ai donc pas grand-chose à léguer mais je sais faire un testament. Je tends le mien à Yvette dès mon arrivée dans la cuisine pour le petit déjeuner. Constatant l'état de mon pyjama, elle pousse un cri : « Oh mon Dieu ! Mais c'est trop tôt ! Ah non ! C'est beaucoup trop tôt, je ne suis pas prête ! Mais quelle idée ! » Impossible d'en savoir plus. André est déjà parti pour le magasin, elle attend son retour derrière la porte d'entrée.

« Elle est formée, on ne va pas pouvoir la tenir.
— Et qu'est-ce que tu veux qu'on y fasse, on ne va tout de même pas l'attacher ! »

— Ah, c'est bien du souci d'avoir une fille ! » conclut-elle en se signant.

Yvette en a des raisons de prier le bon Dieu. Peu de temps après, je ressens une vive douleur au niveau de la cage thoracique, du côté gauche, laquelle semble résister une semaine, puis deux, et s'installer pour l'hiver. « Il y a comme une boule », lui dis-je, tenant mes côtes efflanquées. « Sainte Plaie priez pour nous ! » Yvette lâche l'assiette de porcelaine blanche aux petites fleurs bleues et appelle André : « Viens vite, c'est une tumeur ! » Tout à son journal télévisé du soir, ce dernier est engoncé dans son fauteuil en vachette aux accoudoirs de bois vernis si grand qu'il y disparaît tout à fait, au point que l'on oublie parfois qu'il s'y trouve et qu'Yvette l'attend pour faire servir le dîner en pestant après lui, après nous, qui empêchons cette maison d'être en ordre et à l'heure.

« André dépêche-toi, la petite a une tumeur je te dis, sors la Mercedes !

— Pourquoi tu la conduis pas, toi ?

— Enfin, il faut que je me passe un coup de peigne, d'abord ! Tu veux que je me présente aux médecins comme ça ? »

La mine défaite mais le chignon impeccable, elle attend les résultats de la radiographie et de l'échographie que l'urgentiste a pratiquées. André est resté dans la voiture, au cas où on lui volerait l'antenne, car il y a de tout, sur les parkings des hôpitaux. On appelle notre nom ; Yvette se lève en hâte en se cachant le visage et en remontant son manteau de fourrure pour qu'on ne la reconnaisse pas, et s'engouffre dans le cabinet du jeune interne, en me tirant par la main.

« Dites-nous, docteur, nous préférons savoir.
— Madame, c'est un sein.
— Pardon ?
— C'est un sein qui pousse. »

Elle retourne vers moi son col, dont les poils semblent se hérisser.

« C'est la puberté, madame, un phénomène tout à fait normal, quoiqu'un peu précoce chez votre fille. »

Yvette me fait les gros yeux et nous repartons, toutes deux confuses.

« C'est du propre de vouloir être une précoce ! On t'a pas élevé comme ça nous, on est des gens bien ! » me dit-elle en m'embarquant dans la voiture.

La mue vient de commencer. Le prêtre le redoutait, le docteur l'a confirmé, c'est désormais indéniable. Mais Yvette n'est pas une femme à s'en laisser conter. Elle tente alors de colmater les brèches qui s'ouvrent, et de retarder le processus tant qu'elle peut, persuadée que, dès lors que je serai une femme, je me transformerai en Léna.

Chaque fois que nous passons devant le Pink Flamingo, que j'ai oublié depuis longtemps, elle m'impose de fermer les yeux et me les cache de sa main, ce qui me vaut de rentrer dans quelqu'un ou de marcher dans une crotte de chien. « Tu ne peux pas faire attention à ce que tu fais ? Ah, qu'est-ce que tu vas devenir sans moi, je ne suis pas éternelle, tu sais ! » me réprimande-t-elle alors, détournant sa tête de l'enseigne et se rongeant les sangs de savoir dans quel monde elle aura un jour à me laisser.

Elle gagne deux ans sur l'achat du premier soutien-gorge, qu'elle choisit en coton blanc, épais et sans dentelle. La bonne espagnole est missionnée pour me le remettre, elle-même ne pouvant s'y résoudre. Une année sur le maquillage également. Le vernis à ongles est totalement proscrit, pour ne pas risquer d'éveiller le souvenir de la diablesse. Tout occupée par cette crainte de me voir grandir, elle en oublie mon anniversaire, et ainsi je fête mes treize ans sans rires ni cotillons.

Un paquet cadeau pourtant s'est glissé dans la boîte aux lettres ! Il est couvert de paillettes colorées et parfumées, extravagant dans son emballage. Je m'empresse de l'ouvrir pour y trouver un minuscule bonhomme. Une boule sur deux pieds roses, avec deux mains en plastique bleu et des cheveux jaunes fluorescents. En dessous de lui un billet de vingt francs scotché à un petit mot à l'écriture ratatinée, comme provenant de la patte d'une fourmi : « Il y a toujours une lumière qui brille quelque part, même lorsqu'il fait nuit, et tu es ma lumière, depuis treize ans déjà. Bon anniversaire. » Avant que j'aie le temps de déchiffrer la signature, Yvette m'arrache le tout des mains et dispute la bonne qui m'a transmis le paquet. « Jetez-moi cela, êtes-vous inconsciente ? C'est sûrement *elle* qui l'a envoyé ! Elle a dû faire du maraboutage dessus. Elle connaît des gens qui sont dans tout ça... C'est bien son genre ! » Elle me tend à la place en souriant comme une adolescente une poupée en porcelaine habillée de dentelles et rubans pastel, et, dans une autre boîte, une robe assortie à la sienne. La robe taille enfant, sitôt mise, est hélas trop serrée ; un deuxième sein a rejoint le premier sur mon torse.

Yvette a beau se démener, des garçons commencent à appeler à la maison pour m'inviter à des goûters et des boums, la guerre est déclarée.

« Il faut l'occuper ! lance-t-elle à André.

— Oui, mais qu'est-ce qu'on va lui faire faire ? »

Difficile en effet de trouver un sport qui n'encourage ni la mixité ni la familiarité. La danse est retenue. Emmaillotée dans un justaucorps et un tutu rose, je serai une forteresse de grâce et de pureté ! J'intègre le lendemain le cours de Mlle Arbaut, qui de demoiselle n'en a plus que le nom puisqu'elle doit avoir soixante ans au moins. À défaut de danser pour montrer les positions que son poids ne lui permet plus d'effectuer, elle frappe le sol d'un long bâton de bois pour marquer le rythme. C'est ce même bâton qui vient s'abattre sur les dos trop courbés, les bras mous, les jambes pas assez tendues.

Je me débrouille suffisamment bien pour intégrer la représentation du spectacle de Noël de la troupe. Dans l'effervescence des coulisses de la salle des fêtes municipale, je m'empare des collants d'une danseuse du cours élémentaire. Je sue sang et eau pour arriver à m'y engoncer, on m'appelle, je suis un petit rat en retard, les autres sont déjà sur scène. Je tire un grand coup sur la maille et entre d'un bond !

Au premier rang Yvette est là, les yeux écarquillés, André est venu sans son journal, tous les parents de l'école sont autant de photographes amateurs faisant crépiter leurs appareils jetables. La diagonale de tutus se forme et s'élance pour traverser la scène en pas chassé, quand, ô drame ! Mon collant ne résiste pas à mon premier saut et se déchire en deux au niveau de l'entrejambe ! Le justaucorps, dont j'ai mal ajusté les pressions, cède lui aussi, et me voilà fesses nues sur la scène, dos au public, tétanisée. Yvette ne sait plus où se mettre. Encore une preuve que j'ai le diable au corps. Au fond de la salle, près de la sortie de secours, une dame rousse et frisée avec un manteau en léopard applaudit à tout rompre en criant bravo. Toute l'attention se porte sur elle et me permet de faire une sortie de scène plus discrète que mon entrée.

Yvette n'a pas dit son dernier mot et jette son dévolu sur le piano, qui lui semble moins risqué du point de vue de l'exhibition. Sur le boulevard derrière notre appartement, elle pousse la porte d'une boutique poussiéreuse d'instruments de musique. La patronne, Mme Gardénia, réussit l'exploit d'être plus vieille que la professeure de danse, et dispense des cours gratuits aux jeunes demoiselles dont les parents en expriment le souhait. La passion de la musique est toute sa vie, si bien qu'elle n'a pas connu l'amour, et à quatre-vingts ans passés il ne lui reste guère que la musique. Mme Gardénia plisse les yeux pour lire les partitions mais ses doigts, sur lesquels de grosses bagues sont prisonnières des plis, courent comme des souris sur le clavier. Sa mine joufflue encore belle la rend sympathique, même si elle m'appelle parfois Suzanne, Émilie ou même Benoît.

Après quelques morceaux rapidement mémorisés, Mme Gardénia propose à Yvette de me faire participer au récital de début d'année, où elle présente ses élèves lors d'une soirée dans le salon d'un grand hôtel du 8e arrondissement. « André, tu passeras au coffre sortir mon brillant, je veux le mettre pour écouter la petite jouer. » Autour d'une table, Yvette a commandé un jus d'abricot, et André une coupe de champagne qu'Yvette regarde d'un œil réprobateur : « C'est mauvais pour ton cœur, le médecin l'a dit. » En tant que dernière recrue, j'ai le privilège de m'installer en premier sur le tabouret aux pieds laqués recouvert de velours noir. Je pose mes mains maigrichonnes sur l'immense piano à queue, mes pieds touchent à peine les pédales. La mine concentrée, la langue sortie entre les dents, j'entame l'air que m'a enseigné Mme Gardénia.

Aux premières notes, un murmure envahit la salle, puis une interrogation gagne les visages. Chacun pense reconnaître le morceau que je joue, des plus adroitement selon moi, mais aucun n'ose le dire, craignant le ridicule. Manque de chance ou coup du sort, la bonne Mme Gardénia souffre d'un ramollissement cérébral accompagné d'une fort mauvaise vision de près. Et entre Mozart et Beethoven, des élèves farceurs ont truqué son cahier de partitions, le truffant de chansons d'un tout autre genre. Ainsi Mme Gardénia m'a-t-elle enseigné un morceau nommé *La Digue du cul,* dont elle ignore les paroles paillardes mais dont elle a trouvé l'air entraînant. On y parle de Nantes et de Montaigu, de digues et encore de digues, moi je ne vois pas le mal dans cette chanson à caractéristique géographique qui parle sans doute de la façade atlantique.

Me voilà sur le Steinway du salon d'un palace parisien, en train d'attaquer le deuxième couplet de *La Digue du cul,* passant des touches noires aux blanches comme si de rien n'était, fière de ne louper aucune note, m'inclinant enfin vers la foule des parents pour attendre les applaudissements. Quelques mains claquent sans grande conviction, à part une femme brune, à la dernière table, qui demande ardemment un rappel.

Le père d'Yvette s'appelait Fernand. Il était métayer et passait son temps le nez sur le sol à surveiller la pousse des légumes, mais il aimait les chevaux. Et sitôt monté sur une de ces bêtes, Dieu ce qu'il était grand, dit-elle souvent. C'est fou le pouvoir d'un cheval : il donne de l'allure aux hommes et fait du plus simple d'entre eux un cavalier. « Le retour à la nature, il n'y a que cela de vrai ! » pense alors Yvette. « André, on va lui faire faire de l'équitation. » Un manège couvert, un maître militaire, une bombe emprisonnant mes cheveux blonds, voilà de quoi lutter contre la contagion !

« Et combien ça va me coûter ça encore ? rétorque André. Un cheval, ça s'habille pas d'un tutu, tiens.

— L'éducation, c'est la dot d'une jeune fille, il ne faut pas regarder. »

Comprenant la gravité de la situation, André ouvre les pages de son journal dédiées à la Bourse et court investir fissa les économies de l'année.

Dans la vieille Mercedes d'une vingtaine d'années, une femme qui ne les a plus depuis longtemps en conduit une autre qui ne les a pas encore dans une écurie à la lisière de Paris. Chaque kilomètre qui les éloigne de la capitale soulage Yvette d'un poids. Nous nous perdons trois fois sur le chemin du club hippique ; c'est bon signe, personne ne viendra m'y retrouver. La forêt entourant les box la réconforte, l'allée de platanes bien ordonnés pour y accéder la rassure tout à fait. Un vieux manège de pierre au toit de bois, des rangées de chevaux aux têtes sages et aux oreilles girouettes, des jeunes filles vêtues de tenues strictes obéissant sans répondre aux ordres d'un moniteur, c'est parfait !

Yvette fait fi des crottins frais qui jonchent çà et là le sol. « On ne souffre pas de ce que l'on ne voit pas », me dit-elle en pressant le pas. Le moniteur se tourne vers nous et nous fait signe de nous asseoir en silence en attendant la fin du cours ; un ballet de poussière, de sabots et de claquements de langue. « Il doit être colonel, rien de moins », me dit Yvette, alors qu'il s'approche de nous. Il s'appelle Édouard, grand, brun, la main solide. « Ce n'est pas un club hippique ici, c'est une écurie de compétition », nous détrompe-t-il. Mais Yvette est conquise. Elle le prend en aparté, la situation est arrangée. Il reste bien un réformé des courses qui vient d'arriver et qui n'a pas de cavalier. Seulement il faudra lui payer la nourriture et les fers. Édouard fait claquer ses bottes sur le sol, ses pas sont aussi larges que des foulées. Il me plante devant le box d'un certain Éclair. Assez logiquement, il a le poil de la couleur d'un éclair au café. Une tête grande comme mon torse, couverte de crins blonds épais, avec un œil marron et l'autre bleu. L'animal me renifle, je fais de même. Son iris brun me renvoie une image animale, l'autre, azur, me paraît presque humain. J'ai la sensation qu'il me regarde, comme jamais on ne m'a regardée, qu'il voit tout de moi. À la maison, depuis le début de la bataille des hormones, André et Yvette ne m'observent plus qu'à la dérobée. Même à table, ils ne lèvent jamais les yeux plus haut que mes mains, à croire que c'est elles qui mangent. Alors j'ai commencé à parler avec les mains, à faire de grands gestes pour qu'on m'entende mieux.

« Fais attention quand tu tournes à main gauche, il est borgne », me prévient Édouard. En un rien de temps, me voilà à califourchon sur un animal borgne en direction de la carrière pour une séance d'essai. La danse m'a donné la souplesse des chevilles, le piano celle des poignets, si bien que je suis un caoutchouc se moulant sur le mouvement du cheval. Édouard en déduit que j'ai du potentiel. « Il est peureux, canalise-le bien », m'explique-t-il. Un oiseau s'ébroue sur un chêne-liège en bordure de la carrière, prend son envol en notre direction, passe à notre gauche sans qu'Éclair le voie, et arrive dans son champ de vision en plein devant sa face. Éclair bondit et s'élance au galop, tout droit. Nous passons la carrière, les écuries, continuons bon train vers la forêt, manquons de renverser un homme en pardessus qui s'y promène, et entrons ventre à terre dans un champ de ronces. Les petites lames nous attaquent de tout côté. Rien n'arrête Éclair, pas même l'autoroute bien visible qui coupe le bois en deux et se rapproche dangereusement. Je plonge mes doigts dans ses crins blonds, et colle mon buste à son encolure. Elle est si chaude, jamais je ne me suis sentie aussi bien. Nous sommes assez près pour entendre les voitures passer comme des trains, Éclair dévie et poursuit de plus belle en ligne droite, puis oblique de nouveau. Il réalise une sorte d'ovale, galope sur un hippodrome imaginaire. Je le caresse, ses naseaux se rétractent, enfin il ralentit.

Au petit trop sur le chemin de l'écurie, nous tombons nez à nez avec le promeneur frôlé à l'aller, qui, entendant nos pas, se retourne et ouvre d'un geste furtif son imperméable. « C'est l'exhibitionniste de la forêt, il est là tous les jours, qu'il pleuve ou qu'il vente », me renseigne Édouard, flegmatique.

Depuis longtemps je cherchais quelqu'un à qui parler. Ni Yvette ni André ne semblent doués de parole. Puisque je suis parmi ces humains comme face à des muets, j'essaie de lire sur les lèvres d'Éclair. Mais il se contente de hennir à tout, c'est à se demander s'il comprend ce que je lui dis. Édouard m'apprend qu'il est d'origine allemande, c'est sans doute cela.

À l'écurie il n'y a que des hommes : des palefreniers, des cavaliers, mais Yvette est tranquillisée par ce qu'elle pense toujours être un ordre militaire, puisqu'il y a des maréchaux-ferrants. Pour me faire progresser, il est décidé que je passerai les fins de semaine à l'écurie. Édouard y habite une petite maison avec deux chambres à l'étage. Le soir, lorsque les chevaux ont dîné, il écoute Céline Dion en prenant sa douche et les garçons se mettent à table. « Mais qu'est-ce qu'elle a, la Québécoise ? » demande Jacques le palefrenier. « Il fait la gueule depuis que Laurent l'a quitté », répond un des cavaliers. C'est alors que je comprends, ce sont des hommes qui aiment les hommes.

Il y en a qui viennent, d'autres qui partent, chacun avec des aventures incroyables. L'un dont l'œil est poché d'un cocard raconte en s'allumant une cigarette s'être fait passer à tabac par des blousons noirs, un autre est allé chasser dans le Marais et a ramené un gros cochon. Tout le monde éclate de rire, jusqu'à ce que, systématiquement, on finisse

par évoquer le nom de celui dont on vient d'apprendre
« qu'il l'a ». Alors, les visages se ferment. Édouard demande
à chaque nouvel arrivant s'il a fait le test. Au début des
années 1990, c'est pire que l'école d'être homosexuel, il y
a des examens tout le temps. Il faut dire que c'est une écurie
de compétition, on n'accepte pas n'importe qui.

Chaque soir, Jacques me coiffe et me tresse les cheveux
pour que je les porte ondulés, Édouard prépare des crêpes,
aucun ne quitte la maison sans m'avoir serrée contre lui.
Et je monte me coucher tandis qu'ils parlent de boîtes
de nuit dont on ne sort que quand il fait jour, des rencontres de la veille et de celles du lendemain.

J'élabore des surprises pour leur retour tardif : une
brosse à cheveux pleine de picots dans le lit pour Édouard,
un seau rempli de copeaux de bois, en guise de confettis,
coincé au-dessus de la porte entrebâillée pour Jacques.
Dans l'armoire de la chambre d'Édouard, qu'il m'a laissée,
je découvre une sorte de gel huileux pour les cheveux et
deux magazines. Sur l'un, un homme qui laisse entrevoir
son torse poilu entre les pans de sa chemise hawaïenne
tient une lance à incendie ; sur l'autre, un costaud vêtu
d'un gilet sans manches en cuir, des chaînes autour de ses
bras et une casquette gavroche sur la tête exhibe une belle,
dense et large moustache.

« C'est un pompier, m'explique Édouard.
— Et l'autre il fait quoi ?
— C'est un ferrailleur, tu vois bien ? Il fait fondre le
métal pour le travailler, c'est pour ça qu'il n'a pas de chemise, il a chaud. Allez, à cheval, tu ne vas pas commencer
à traîner ! La compétition est dans un mois à peine ! »

Yvette a mis ses boucles d'oreilles en or, les vraies, André a acheté un caméscope. « L'image tremble, regarde ça Yvette, mais regarde ça, je te dis ! C'est de la pacotille japonaise, c'est ça le progrès qu'ils nous disent ! » Étonnamment pour un homme toujours vissé à son journal, il n'a pas lu le manuel et persiste à croire que l'image bouge alors que c'est sa main qui ne cesse de s'agiter dans tous les sens en direction du terrain de concours, les larges montures de ses lunettes plantées dans l'objectif.

Il est déjà âgé, André, il a perdu un gros orteil à la guerre, ses cheveux sont tous blancs, il a soixante-seize ans. Et c'est seulement maintenant que je me rends compte qu'il est mon grand-père. Ces étrangers qui m'ont adoptée sont mes grands-parents. Cela semblait si évident que personne, sans doute, n'a jugé utile de me le dire. C'est aux prises avec ce caméscope récalcitrant que leur âge me surprend, je n'y avais jusqu'alors pas fait attention. Yvette est si coquette qu'il ne me serait jamais venu à l'esprit de l'appeler mamie, et André tellement pris par son magasin que je n'aurais jamais eu l'idée de l'appeler tout court. Il ne vend plus d'horloges mais des antiquités. Du meuble rescapé de Versailles, du XVIIIe siècle français, du Louis XV, du Louis XVI, du Louis Napoléon Bonaparte, du Louis-Philippe, tout ce qui s'appelle Louis quelque chose. Il passe son temps à l'hôtel Drouot, où il dit les acheter ; moi je trouve ça louche qu'il y passe tant de temps, je ne suis pas dupe, on ne vend pas de meubles dans les hôtels, il a une double vie. Cela explique le peu de mots qu'il échange avec nous. Il a déjà fatigué sa bouche plus tôt dans la journée, avec les autres femmes de sa vie.

Yvette l'aide à la boutique, l'après-midi seulement, car elle passe les matinées dans sa salle de bains, ce qui fait enrager André. Il lui demande ce qu'elle peut bien foutre là-dedans à se tartiner le visage et lui dit qu'elle est lente, au lieu de lui dire qu'elle est belle. Yvette n'en a cure, elle pense que l'allure d'une femme c'est la vitrine de son mari. On sait tout de lui en regardant comment son épouse est arrangée. Et à ce compte-là Yvette est une experte, tout le monde l'appelle « madame », même ses amis, y compris le boucher.

En m'abandonnant, leur fils les a eux aussi abandonnés. Ils espéraient une belle carrière, un beau mariage avec des dragées, à la place on ne sait pas ce qu'il fait. Mais c'est interdit de le dire, parce qu'il envoie de l'argent tous les mois. Il enchaîne les femmes, les métiers, les pays, tantôt dans le diamant en Belgique, les avions en Afrique, l'import en Andorre, la maroquinerie en Espagne.

Une seule fois il est venu me chercher à l'école. L'orage gronde, il porte un costume foncé qui dégouline sur le trottoir. Jean vient de plonger dans la Seine pour secourir une touriste en détresse dont le talon s'est dérobé sur le quai. Les chaussures en croco imbibées de mon père font un bruit de giclée. Il glisse dans mon cartable des papiers que je dois cacher dans ma chambre, au cas où quelque chose lui arriverait. Un jour, une sirène de police retentit sous nos fenêtres, puis se transforme en alarme de pompiers et enfin imite un oiseau. C'est Jean, qui rit et fait vrombir une voiture identique à celle de la série de télévision américaine *K2000* qu'André me laisse regarder, où le bolide parle à son conducteur et lui sert de coéquipier dans les enquêtes qu'ils doivent résoudre, faisant aller de droite à gauche un faisceau lumineux rouge sous son capot.

Parfois des hommes viennent nous demander où il est ; on répond qu'on ne sait pas, et on ne ment même pas. À force de ne rien dire, j'ai fini par croire qu'il n'existe pas vraiment, c'est une figure que je me suis inventée et qui apparaît parfois. Pourtant, à chaque repas, Yvette et André ne parlent que de cela. De cette femme avec laquelle il s'est accouplé, de ses derniers faits d'armes, comme des dernières bêtises d'un gamin turbulent, tandis que je dois être sage comme une image. Je n'ai pas le droit d'être une enfant, puisque lui l'est pour deux. « Tu comprendras quand tu seras grande », me rétorque André lorsque, en fin de repas, j'ose demander ce qu'il s'est vraiment passé.

Assis dans les gradins, au milieu de tous ces gens, ils semblent minuscules, mes grands-parents, alors que j'entre sur le terrain en culotte blanche et veste bleu marine. Des hommes et des femmes s'affrontent sans distinction de sexe ni d'âge, et je trouve assez excitant, en pleine puberté, de défier à la loyale des types déjà dentistes ou banquiers. J'ai mémorisé le parcours, Édouard hurle ses derniers conseils depuis la barrière. Éclair tend l'oreille lui aussi. Les gradins s'animent. Des rires résonnent. Je suis plutôt maigrelette sur cet athlétique allemand, mes pieds dépassent à peine des quartiers de ma selle, si bien que j'éperonne plus le cuir que l'animal lorsque j'actionne mes jambes. On m'a appris à l'école la fable de la grenouille qui voulait se faire plus grosse que le bœuf. Dans le cas présent, on dirait une grenouille sur un bœuf, s'élançant sur un parcours d'obstacles.

Yvette a raison, on ne souffre pas de ce que l'on ne voit pas. Éclair ne craint pas les obstacles, puisqu'il ne les voit pas. Il se croit encore sur un hippodrome et galope à grandes foulées. C'est fou ce qu'un réformé des courses borgne peut faire comme miracle, tant que je ne tourne que du côté droit. L'apesanteur me sépare de lui à chaque saut et met en péril notre périple ; je m'accroche à ses crins blonds que j'ai pris soin de parfumer au Chanel d'Yvette. Enivrée par les effluves de Coco Chanel, nous franchissons la ligne d'arrivée entiers et en tête ! Les gradins applaudissent, j'observe toutes ces mains depuis la piste, tous ces yeux qui ne regardent que nous. Une femme portant un fichu coloré sur la tête et des lunettes de soleil ovationne d'en haut. Yvette et André aussi me sourient, comme pour la première fois.

On nous remet des bouts de tissus agrafés en cocarde, puis les cors de chasse donnent le départ du tour d'honneur. Mon borgne galope devant, laissant les autres avancer dans notre sillon, il pétarade de joie à chaque passage devant les gradins.

« L'image est mauvaise mais le son est excellent, commente André. On entend même le cheval péter entre les cors de chasse.

— Quand même, ils auraient pu lui donner un cheval qui ne fait pas d'aérophagie. »

De retour à l'écurie, les garçons m'accueillent avec des baisers, tout en se préparant pour leur sortie du samedi soir. L'ambiance est à la fête, je les regarde avec envie. Jacques le palefrenier tente de plaider ma cause.
« Enfin, Édouard, la petite à treize ans. C'est l'âge où l'on devient un homme !
— Ce n'est pas un garçon que je sache.
— Mais elle aussi a droit à sa gay mitsva ! »
Édouard me regarde plein d'une inquiétude résignée, comme celui qui sait que l'enfance va en un instant s'arracher d'un jeune être comme un pansement exposant une peau encore rosée. Quelques heures plus tard, j'aurai grandi.
Serrés à six dans sa voiture, nous garons notre carrosse devant une devanture toute noire, bordée d'une longue file d'attente immobile. Au-dessus de ma tête, une pancarte lumineuse, « Chez Jackhomo ». Le rideau de velours rouge écarté, un boa autour du cou, je suis dirigée vers le niveau inférieur. Je ne suis pas la seule femme, loin de là, il y en a plein ! Elles portent des robes à paillettes et beaucoup de maquillage, elles sont si grandes ! J'en ai de la chance de fêter ma victoire dans cet endroit, c'est pas

croyable ce qu'il y a comme célébrités. André m'avait dit que Marilyn Monroe ne s'était peut-être pas suicidée comme on le croyait. Les services secrets l'avaient fait disparaître. Il avait raison ! Elle sert des cocktails au Jackhomo ! J'avance émerveillée, tenant la main de Jacques, en attendant qu'Édouard aille se changer.

« Si tu crois plus au père Noël, t'as qu'à croire à Marilyn, ma chérie, elle donne toute sorte de cadeaux !
— Elle réalise aussi les souhaits ?
— Oui, si tu les dis assez fort et que tu glisses avec un billet de cinquante. »

Il y a là aussi la chanteuse Mylène Farmer. Elles sont même quatre, c'est dire si elle aime l'endroit. Et des hommes torse nu qui font danser leurs muscles, tandis que d'autres, moins bien bâtis, les regardent comme des pâtisseries. Soudain la musique s'arrête, c'est l'heure du spectacle. La scène s'éclaire, une ombre apparaît. Élancée, la robe échancrée jusqu'à la naissance des hanches que flattent ses longs cheveux vénitiens, elle chante son désir pour un jeune homme de dix-huit ans, beau comme un enfant, fort comme un homme, et se retourne d'un bond sur le refrain. Dalida a une moustache, et chausse du quarante-trois, mais c'est bien elle ! Elle fait onduler sa robe de plumes roses qu'elle transforme d'un geste en cape, dévoilant un justaucorps brodé de paillettes et des collants noirs. Sa voix est chargée d'une émotion si forte que l'on ne sait si elle chante l'amour ou la douleur. Elle est belle, ceinte de plumes prêtes à s'envoler à chaque mouvement de bras, on dirait un flamant rose. J'ai l'impression de la connaître, je me sens terriblement attirée vers elle. À mieux y regarder, c'est Édouard ! Il semble gêné mais me fait signe de le rejoindre. J'enserre ses plumes et y niche mon visage. Dans ce sous-sol, loin de la lumière du jour, on ne se force pas à me sourire pour faire comme si de rien n'était chaque fois que je parais. J'ai l'impression d'être aimée et la sensation de manque en moi se tait un peu. Marilyn a peut-être exaucé mon vœu.

En quelques mois, je me suis beaucoup attachée à Édouard. Le dos droit en toute circonstance, il semble d'une virilité à toute épreuve, même devant un cheval écumant de rage, dressant ses sabots comme des poings face à lui. Rien ne le désarçonne. Il a fait de moi son élève, ce n'est pas un père, certes, mais c'est plus que tout ce que l'on m'a donné jusqu'alors. Et le voir porter une robe n'entache en rien sa masculinité. Il aime les hommes, parfois il s'habille en femme pour évoquer celles dont les mots savent le toucher, mais ce n'est pas un travestissement ni une perversion, c'est un uniforme. Comme le prêtre ou le médecin revêtent la soutane ou la blouse pour dispenser la bonne parole, il fait de même, se muant la nuit en pythie de boîte prêchant l'amour aux brebis qui se font dévorer.

On ne se rend pas compte à quel point une seule soirée peut tout changer et transformer nos inclinations les plus profondes. Depuis ce soir-là, mon idéal masculin porte une moustache et des chemises ouvertes, il a le torse poilu, il ressemble en somme à l'acteur Tom Selleck dans la série télé *Magnum*, une icône gay des années 1990.

« Ce que tu as vu là... ce n'est pas la vraie vie. C'est une partie de la vie seulement. Les paillettes, ça ne brille pas... Ça ne fait que refléter la lumière produite par d'autres », me met en garde Édouard.

Le grand air, le sport, le foin et les chevaux font leur effet, enfin je pousse ! Je prends vingt centimètres en un an, et me défais de mon teint de poupée en porcelaine. Enfin le sang semble circuler jusque dans mes joues. Les concours rythment mes semaines ; avec Éclair nous ne vainquons pas toujours, mais nous nous battons contre une chose qui manque à la plupart des hommes, le temps. Certains le perdent, d'autres courent après, tout le monde se plaint qu'il passe, surtout Yvette qui me répète sans cesse qu'on ne peut pas être et avoir été.
Nous, nous gagnons du temps. Nous faisons des courses contre lui, des épreuves contre la montre. Une courbe plus resserrée, une foulée plus longue suffisent à gagner. Quelques dixièmes de seconde contre le concurrent précédent. Et cette sensation d'aller à l'encontre de l'inertie naturelle des autres est ce que j'ai connu de plus grisant. Mais un matin, dans la cuisine aux carreaux bleus et blancs, Jacques converse avec Édouard.
« J'ai fait le test... Je l'ai », lâche-t-il en pleurant à gros bouillons.
« Ah ! Enfin ! » je le félicite, soucieuse qu'à plus de quarante ans Jacques ne l'ait jamais encore passé, ce test que tous ses amis d'à peine vingt ans ont déjà réussi haut la main. Je m'approche pour l'embrasser, il me repousse et court se cacher dans un box, sans provoquer la moindre réaction du cheval qui continue de manger son foin.
Un autre palefrenier doit soudain aller voir ses parents en province pour une durée indéterminée, un groom vient de décrocher un emploi à l'étranger, un cavalier découvre qu'il n'aime plus les chevaux. En quelques jours, l'écurie

se vide. Je n'ai rien dit à Yvette, de peur qu'elle ne me retire à Édouard. Elle qui ne prend pas le métro à cause des microbes et ne peut envisager d'utiliser des toilettes publiques sans sacrifier trois paquets de mouchoirs en papier afin d'en tapisser le siège ! Édouard l'a prévenue. À ma grande surprise, elle accompagne Jacques chez le médecin et l'écoute chaque fois qu'il se plaint. Elle ne lui a demandé qu'une chose en échange, un service. Qu'il ne me dise jamais qu'il l'a, pour me protéger. Je suis trop jeune pour savoir. Il devra prétendre souffrir d'un ulcère à l'estomac.

« Superman est paralysé ! » La nouvelle de l'accident de l'Américain Christopher Reeves, lors d'une compétition de saut d'obstacle, assombrit toutes les faces.

« Les gars, vous avez entendu ? Superman est tombé, il s'est pété une vertèbre.
— Ça s'est passé quand ?
— Hier !
— C'est un légume ?
— Non, il est para.
— Moi j'ai entendu tétra...
— La cata ! »

André n'aime que les films en noir et blanc, mais il s'autorise une incursion dans la modernité et suit les épisodes en couleurs de *Superman*. Ce sont les moments où je peux regarder dans la même direction que lui, vers le poste de télé. Venu d'une autre planète, placé dans un orphelinat, Superman a lui aussi été adopté et cherche le secret de son origine. Tant qu'il a des superpouvoirs, je peux rêver que j'en ai. La chute de Superman est la première intuition que je perçois de ce que l'on appelle l'ironie du sort, et elle ne me plaît pas. Comment l'homme jouant le héros qui ne connaît pas la gravité peut-il se retrouver en un instant condamné à ne plus bouger d'un centimètre ? Quel mal peut-il arriver à un type qui porte un maillot rouge, bleu et jaune, des collants et des bottes moulantes ? À croire que la beauté ne prémunit d'aucun malheur. Mon cœur piaffe.

À quelques minutes du départ de l'épreuve, l'image d'un cavalier estropié a de quoi faire frémir. Chacun est prêt à se casser une jambe, un bras, mais nous craignons tous pour ce que nous avons de plus précieux : nos vertèbres. Les années 1990 sont cette époque formidable où l'on roule encore dans des voitures sans ceintures de sécurité ni appuie-tête, sur des scooters sans casques ; où l'on fume dans les avions, l'on monte à cheval sans protections, à peine a-t-on une bombe posée sur la tête, pour la décoration.

Arrive sur le terrain d'échauffement celui que l'on appelle RoboCop. Au-dessus de cinquante ans, aucun cavalier d'obstacle ne peut se targuer d'avoir des os sans quelques broches ou vis qui les maintiennent. RoboCop, lui, à soixante ans, a tellement d'acier chirurgical dans le corps qu'il lui est impossible de s'approcher d'un aimant à moins de cent mètres sous peine d'y rester collé. Par temps de pluie, il faut s'y mettre à plusieurs pour le descendre de cheval, il ne peut plus bouger tant il rouille.

« Dis donc, Yvette, ça ne serait pas un peu dangereux, son affaire ? » s'inquiète André alors que la cloche sonnant mon tour retentit. Dangereux, l'instant d'avant ça ne l'est pas, puis l'instant d'après ça le devient, et c'est trop tard, le mal est fait.

De loin on n'a pas vu grand-chose. Moi-même je n'ai presque rien senti. À l'intérieur, tout a explosé. Arrivions-nous trop vite, ou est-ce l'obstacle qui s'est rué sur nous ? J'entre dedans comme une boule de bowling dans un jeu de quilles et déglingue la structure en fer. Je m'écroule au sol sitôt la ligne d'arrivée franchie, la culotte blanche pleine de sang. « Mais enfin es-tu donc folle, qu'est-ce que tu as fait ? Tu ne pouvais pas aller droit ! » Yvette est en colère. Elle n'a pas tort, à dix centimètres près, un peu plus sur la droite, ça passait. C'était ce qui était prévu. Ma trajectoire s'est dessinée autrement. On ne peut pas négocier avec les lois de la physique. Ni avec l'ironie du sort. L'univers est infini, la terre a des milliards d'années, mais quelques secondes, quelques centimètres seulement suffisent à détourner une vie.

Lorsque le goût d'éther me réveille dans la salle de réanimation de l'hôpital, ma jambe est énorme. Toute blanche, plâtrée. Il a fallu opérer, mais tout s'est bien passé, assure le chirurgien. Reprenant peu à peu possession de mon corps endormi, je sens un objet niché dans le creux de ma main. Desserrant mes doigts, il est là, petit, rond, rose et bleu, on dirait une boule avec deux pieds. Semblable en tout point au bonhomme que j'avais un jour reçu par courrier. Entendant approcher les talons d'Yvette, sans savoir pourquoi, je le glisse sous les draps et referme le poing dessus comme sur le plus précieux trésor qui soit.

« Il faut que nous quittions Paris, André, il y a trop de tentations, ici. Nous devons l'éloigner de tout cela. » La mer et la montagne, le bon air d'une petite ville balnéaire, voilà ce dont j'ai besoin pour me requinquer, selon Yvette, qui se décide pour la côte basque. La vieille

Mercedes chargée, nous prenons la direction de Biarritz, près de la frontière espagnole, sur la diagonale de l'été. Mais en quittant Édouard, ce n'est pas un entraîneur que je laisse, je laisse un père et une mère à la fois.

BIARRITZ

Biarritz, trente mille habitants, la moitié de surfeurs, l'autre de retraités. La première chose que je vois en arrivant en pleines grandes vacances, ce sont des gens à moitié nus et en claquettes arpentant la ville jusqu'à l'Océan. Il ressemble à celui que j'ai connu en Amérique : une lande de sable doré, puis la mer folle et tourbillonnante, iodée. Le soleil et le sel produisent ici des centaines de têtes blondes décolorées ; chacune d'elles pourrait être Léna. À peine les précieuses antiquités d'André disposées dans notre nouvel appartement, je tombe sur un surfeur le jour de la rentrée en seconde.

La planche sous le bras dans les couloirs, il a la peau si hâlée avec des cristaux de sel blanchi solidifié qu'il serait impossible de savoir s'il a seize ou trente ans s'il n'était pas dans la classe au-dessus de la mienne. Yvette observe cette fréquentation nouvelle du plus mauvais œil, mais comme j'ai à présent l'âge de conduire un deux-roues que l'absence de transports en commun rend ici nécessaire, elle ne peut bientôt plus voir assez loin pour me surveiller. Et puis ses parents sont médecins, ce doit être un garçon bien.

Ses premiers baisers suffisent à me faire oublier la douleur de mon accident, la boiterie dont je n'arrive toujours pas à me débarrasser mais dont les médecins m'ont assuré que ce n'était rien. Au bout de quelques mois de feux de camp sur la plage autour desquels se bécoter, l'été indien est passé. Il faut alors trouver une autre occupation. En province, tout le monde se connaît, il n'y a pas d'hôtels pour se cacher, seule la nature se tait. Et c'est ainsi qu'appréciant sur le sable collé par l'humidité de l'automne déjà bien avancé la vue de la Grande Ourse, puis de sa tête, des étoiles, sa tête, les étoiles, durant vaillamment quelques secondes, je perds ma virginité.

À partir de quel âge on vous répond « félicitations » quand on annonce être enceinte, et non plus « oh mince t'es sûre » ? De toute évidence, pas à quinze ans. La nature, elle, se moque de ces considérations. Elle voit de la lumière, un vide, elle rentre, elle s'installe.

N'ayant toujours aucun savoir sur la biologie de l'intimité, il se passe bien deux mois sans que je m'inquiète. Mais au beau milieu de la file d'attente du film *Titanic*, je suis prise d'un malaise : la seule idée de me trouver sur un paquebot en pleine mer me donne la nausée.

Par souci de discrétion, je fais l'acquisition d'un test de grossesse dans un village voisin où la position géographique de la pharmacie m'oblige à traverser la place centrale bordée d'une allée de platanes et de vieux en bérets, tenant mon petit sac en plastique si fin que j'ai l'impression qu'ils en devinent tous le contenu. Je cache l'objet sous mes vêtements et cours me réfugier aux toilettes la nuit venue. Notre appartement est en bord de mer, mais il n'est pas grand, chaque geste doit être précis. Le moment où je verrouille la porte déclenche un minuteur silencieux ; si l'on m'entend y rester trop longtemps, on viendra taper pour me demander ce qui se passe. J'ouvre l'étui et me trouve face au bâtonnet qui contient deux fenêtres vides ; j'ai la sensation d'être une voleuse introduite dans la Banque de France, tenant le bâton de dynamite qu'elle doit jeter pour ouvrir les coffres. Je déplie la notice, pliée en huit, et tente de décrypter les instructions. La première partie semble la plus simple, mais encore faut-il arriver à viser dans le noir, avec le cœur qui donne des à-coups plus violents qu'une formule un sur le circuit de Monaco. La suite se complique, garder le bâtonnet à plat, remettre le capuchon, attendre trois minutes, voir apparaître un trait dans la fenêtre de contrôle, puis guetter la ligne bleue qui doit se dessiner dans le rectangle le plus grand. Une seule, vous êtes libre, deux traits, vous êtes cernée. Impossible de repêcher le capuchon que j'ai fait tomber dans le trou pendant la manœuvre de dégoupillage. À peine posé le bâtonnet sur le carrelage blanc que des lignes bleues me sautent au visage. On avait dit d'attendre trois minutes, enfin ! Je fixe l'objet, peut-être va-t-il changer d'avis ! J'ai la sensation qu'un des traits hésite entre le bleu et le violet, c'est sans doute bon signe. L'autre est passé du bleu Klein au bleu turquoise, je suis peut-être en sursis. Il faut que je retrouve la notice, mince, je l'ai roulée en boule et entourée de papier toilette avant de la jeter dans la poubelle. Aucune mention relative à la tonalité du bleu. Les deux traits sont toujours bel et bien là. La lumière se fait sous la porte, Yvette est debout. Il faut quitter les lieux sans éveiller les soupçons, faire disparaître les preuves. Je récupère l'emballage en plastique et le bâtonnet que je colle dans mes chaussons, et regagne au pas de course ma chambre, regardant droit devant moi, la poitrine gonflée.

Je me glisse dans mon lit d'enfant aux draps rose et blanc, dont je ne me sens plus digne, et n'ose plus regarder en face Pépette, ma peluche en éponge sans yeux ni cheveux, que je range délicatement au fond de mon placard à vêtements. J'ai déjà vu des utérus dessinés sur des planches anatomiques, mais c'est seulement maintenant que je prends conscience d'en avoir un. N'étant pas la fille de ma mère adoptive, et ma mère biologique n'étant pas digne d'être une mère aux yeux de la loi, le lien entre cet organe et l'enfantement ne va vraiment pas de soi à mes yeux. Dans mon cerveau, tour à tour, le déni : « Demain je vais me réveiller, cela sera terminé. Ce n'est pas vrai ? Ce n'est pas possible ? » La colère : « Mais ce n'est pas vrai ! Ce n'est pas possible ! » La dépression : « Ce n'est pas vrai... Ce n'est pas possible... », puis la résignation : « C'est bien vrai. Je suis enceinte. »

Le lendemain matin au lycée, c'est le moment d'annoncer au surfeur la grande nouvelle de son incroyable fertilité. « Mais tu es folle ?! C'est dégueulasse ce que tu me fais, les championnats de France sont dans à peine deux mois. Mes parents vont me tuer ! » Les affres d'une sexualité non protégée chez de jeunes êtres impréparés émotionnellement. Je ne peux évidemment pas être une fille-mère sans mère, ni avoir un enfant sans père, alors que je n'ai pas de père non plus, c'est insurmontable.

« Mlle Chrétien ? »
J'ai gardé mon casque de moto dans la salle d'attente du planning familial, avec vissées sur mon nez les lunettes de soleil panoramiques aux verres miroirs que mon surfeur m'avait offertes pour nos six semaines de relation. J'avais alors protesté que c'était trop cher, qu'il ne fallait pas, mais aujourd'hui, toute seule dans cette aile quasi désaf-

fectée à l'arrière de l'hôpital, je me dis que je lui ai tout de même offert ma virginité.

« Mlle Chrétien ? » J'ai pris soin de donner un faux nom, celui de Léna. Je suis la blouse blanche dans son bureau, me décide enfin à enlever mon déguisement, pour me retrouver face au gynécologue qui prend le cas des mineures enceintes très au sérieux. « Je dois appeler vos parents, c'est la procédure. » Pauvre Yvette, en un coup de fil ses espoirs patiemment bâtis volent en éclats, je suis bien comme ma mère. Les chiens ne font pas des chats.

Que diraient nos voisins s'ils apprenaient ? Évitant soigneusement de poser les yeux sur moi, elle me conduit à une clinique éloignée de chez nous d'une bonne centaine de kilomètres. Aussi inquiète que déçue, elle reste assise sur une chaise en face du lit, son sac sur les genoux, jusqu'à ce qu'elle puisse me ramener chez nous, toujours sans un regard. Sa bouche s'ouvre pour ne dire qu'une phrase : « Nous n'en parlerons jamais. » J'acquiesce en hochant la tête et en regardant par la vitre. À force de tout faire pour me détourner de mon origine honteuse, je commence à avoir honte du reflet que j'y vois.

« Mais enfin, André, tu n'y penses pas, je suis allergique à l'iode ! » Yvette adore Biarritz, mais refuse de s'approcher de la plage ou du moindre restaurant de poissons. Or, dans une station balnéaire, mis à part la mer, les activités sont des plus réduites.

Depuis son magasin d'antiquités, André prétend régir tous les éléments du foyer. Il a choisi les lustres et les tableaux, disposé les tapis et les lampes, ne laissant à Yvette que le loisir de bovariser. Lui vient un jour l'envie de changer un éclairage d'emplacement. Le soir André ne dit rien tout le long du dîner. Mais le lendemain matin, les objets ont retrouvé leur place naturelle, celle qu'il a décidée. Et lorsque Yvette, outrée, tente de les bouger à nouveau, elle découvre à sa grande surprise qu'il les a collés.

Tout y est passé, les pieds de lampe, ainsi que les fils, le tapis fixé sur le marbre du salon, même le tancarville sur lequel le linge doit sécher. Pour s'assurer qu'il ne se déplace pas, André a fait une marque au feutre indélébile sur le sol du balcon à l'endroit des quatre pieds. Les chaînes de télévision qu'il ne veut pas regarder, il en a ôté au cutter les touches sur la télécommande. Impossible pour

Yvette d'entrer la voiture dans le garage sans qu'il la guette par la fenêtre et descende pour l'aider à manœuvrer, fasse de grands gestes, lève les bras au ciel et jure, jusqu'à ce que le capot atteigne le repère qu'il a fait sur le mur du garage, avec de l'adhésif de couleur rouge.

André déteste le changement. Chaque jour, il faut manger à la même heure, 12 h 30 le midi et 19 heures le soir. Si Yvette a le malheur d'avoir quelques minutes de retard, il l'attend seul, assis à table, pour sa grande scène. Il jette sa serviette au sol ; puisque personne ne veut manger avec lui il s'en va au restaurant, il n'y a pas de règles dans cette maison. Elle doit alors justifier d'une bonne histoire pour expliquer son retard qui, si elle est agréée, permet de passer à la scène suivante, celle de la supplique, s'il ne mange pas, elle jure de ne point manger non plus.

Là, la détermination d'André est mise à rude épreuve, car s'il est têtu au point de ne jamais céder même face à un Allemand armé, il est persuadé que si sa femme ne se nourrit pas, elle va faiblir par sa faute et disparaître en un repas sauté. « Tu sais que j'ai fait une jaunisse étant enfant, le docteur l'a dit, je dois faire attention, mais tant pis, si tu ne manges pas, je n'ai plus faim non plus. » André est alors bien embêté, pris en étau entre sa fierté et sa crainte, et finit par veiller Yvette toute la soirée.

Dans notre appartement duquel on voit la mer chaque jour changer de couleur, aucune photo de famille, de proches, rien. À croire qu'ils sont nés, comme moi, par génération spontanée. Lorsque André parle de son enfance, ce n'est que pour pester contre la pension dans laquelle on l'a collé à l'âge de six ans ou contre les jésuites qui le forçaient à ingurgiter la soupe de tapioca. Chaque mercredi soir, lorsqu'on lui servait cette soupe, André refusait de la manger. Les jésuites le menaçaient, avec grâce et charité, cela va de soi, et finissaient par le laisser debout face à son assiette. Lorsque minuit sonnait, ils passaient aux sévices supérieurs et l'installaient dehors, dans la cour, devant la soupe solidifiée par le froid, au vu et au su de tous les petits garçons dont les yeux brillaient derrière les fenêtres. Le manège durait jusqu'à ce que le jésuite de nuit, fatigué de cette gaudriole-là, vide l'assiette et lui dise d'aller se coucher. Son père l'avait déposé dans cette institution un matin et n'était venu l'en sortir que dix ans après, pour le mettre au travail. Il avait connu Yvette, ils s'étaient mariés, c'est tout ce que je sais.

La mère d'Yvette était née aux hospices de Lyon, d'une mère à laquelle on avait retiré l'enfant pour « cause d'indigence », et avait été confiée à l'Assistance publique. Était-elle pauvre ou délurée, fille-mère ou marâtre ? Pourquoi n'a-t-elle pas pu l'élever ? Pourquoi Yvette comme André font-ils la sourde oreille à mes questions ? Nous sommes des gens bien, et les gens bien acceptent leur sort sans poser de questions. Ils mettent le reste sous le tapis. Hélas, André a collé tous ceux de l'appartement.

Seize ans, l'adolescence tempête sous mon crâne. J'ai l'impression d'être née d'un péché de chair, abandonnée par paresse, élevée dans la colère, avec la certitude de m'en sortir par orgueil.

À Paris, dans une ville où tout le monde est habillé de noir ou de gris, même le ciel, et où les mines sont renfrognées, cela ne m'avait pas choquée. Mais dans une ville où tout le monde sourit, bronzé une grande partie de l'année, cela m'apparaît à présent comme le nez d'un boxeur au milieu de la figure : Yvette et André ne rient jamais. Même le chien semble atteint.

Le bichon d'Yvette n'a depuis quelque temps plus le même entrain. Il se cache sous les commodes dès qu'il aperçoit sa laisse dans la main de sa maîtresse, longe les murs, ne trottine plus guilleret mais se traîne, la patte lourde. Pire encore, il ne peut plus voir André. Il prend sa place sur son fauteuil, et, chaque fois qu'André prétend s'y asseoir, attaque son postérieur avec une fureur décuplée. Cette petite boule de poils se réveille en tremblant chaque nuit et gratte aux portes, au point d'en creuser le bois. André est furieux. Mais le bichon ne s'arrête pas là.

Dès qu'on le laisse seul, il se venge en urinant sur les tapis d'Orient.

« Il ne veut pas que je dorme, se plaint Yvette au vétérinaire. Dès que j'éteins la lumière, il recommence à haleter ! Et quand il croise mon mari, il grogne. Docteur, je crois que notre chien est possédé.

— Il fait une dépression, dit le vétérinaire.

— On ne fait pas de dépression chez nous, nous n'avons jamais eu de cas dans la famille ! » s'insurge Yvette face à ce charlatan qui remet en cause la santé mentale de son animal.

« Il fait des angoisses nocturnes, inverse le cycle jour-nuit, est agressif et renfermé, il ne veut plus sortir, c'est très clair, ce chien fait une grave dépression.

— Sainte Plaie, priez pour nous ! Voilà autre chose ! Quand c'est pas l'un, c'est l'autre ! Qu'est-ce qu'on peut faire ?

— Je vais lui donner des anxiolytiques.

— Qu'est-ce que c'est ?

— Du Lexomil.

— Oh, comme mon mari ! » lâche-t-elle, s'en voulant l'instant d'après d'avoir révélé une information si personnelle.

André s'en fait pour ses affaires. Les antiquités plaisent moins au bord de la mer qu'à Paris. Mais il n'en dit rien. L'homme du foyer se doit d'assumer seul ses responsabilités. Son problème c'est qu'il est trop honnête et croit les êtres faits sur le même modèle que lui. En vient-il un au magasin prétendant payer en quatre fois, qu'il lui donne sa précieuse marchandise, l'aide à l'installer dans son véhicule, ne lui demande aucune autre garantie que sa parole, et attend encore que le type revienne. Chaque semaine il fait à Yvette le récit d'une histoire semblable, il a encore été roulé. André nous fait vivre dans l'illusion de la richesse, un décor si parfait qu'on ne décèle rien des fluctuations de ses finances. Les tableaux aux cadres dorés font impression mais deviennent des copies, les lustres en cristal sont remplacés par du verre parce que c'est moins lourd pour le plafond, on ne part pas en vacances parce qu'il travaille, on ne change pas de voiture parce qu'on n'en fabrique plus de bonnes désormais.

« Et qu'est-ce qu'on peut faire d'autre, docteur ?
— Il faut qu'il mène une vie de chien. »
Yvette, hébétée, repart avec son kiki sous le bras, désemparée face à la souffrance du petit animal. Elle l'aime tellement qu'elle ne le laisse presque jamais toucher le sol : « Il est si petit, les gens ne font pas attention, ils vont l'écraser ! » À chaque passage d'un chien, elle tire sur la laisse si fort qu'elle le remonte comme un poisson au bout d'une ligne de pêche. Elle le nourrit de haricots frais qu'elle lui écrase à la fourchette, pour ne pas qu'il ait trop de mal à mâcher ; elle lui parle enfin avec une voix d'hirondelle, un roucoulement dont elle ne m'a jamais gratifiée. « Tu en as fait un poltron, un inverti ce chien, voilà ce qu'il y a ! » la dispute André. Peu importe, Yvette truffe désormais chaque soir les haricots du chien au Lexomil, puisqu'il le faut.

Moi je voudrais lui ouvrir la porte, à cette bête, la libérer, la frotter à d'autres chiens qu'elle reniflerait tout son saoul, qu'elle attrape des puces, qu'elle mange des os, qu'elle se gratte, qu'elle vive. Mais on ne m'entend pas. Alors je vais m'asseoir sur un banc, face à la mer, là où je peux crier.

« Si les Américains n'étaient pas venus nous sauver, nous serions encore allemands », dit souvent André. Alors sans savoir pourquoi, je me suis mise à les attendre. Face à la mer, en fumant des joints, oubliant le temps, je guette le Débarquement. Cette idée m'obsède. Je ne peux détacher mon regard de ma ligne Maginot. J'espère chaque jour, à mesure que se consume mon pétard au hasch fraîchement arrivé par la frontière, la voir se dessiner, l'Amérique, apparaître par jour de beau temps. Parfois je la vois, elle est là ! Non, c'est un rocher ou un cargo, j'ai vraiment trop fumé. C'est qu'au loin, une autre côte se dessine : l'Espagne. Ce n'est pas l'Amérique, mais c'est déjà un ailleurs.

San Sebastian

« *Toma toma, toma la pastilla !*
— Qu'est-ce qu'il dit ?
— Il te dit de l'avaler. »

L'Espagnol ouvre la paume de sa main. À l'intérieur, de petits comprimés collés par la moiteur. Il s'appelle Iñaki, il est bas de jarret, le cheveu brun, épais, avec des dreadlocks derrière la nuque, et trois anneaux à l'oreille gauche. Ses yeux immenses, prêts à sortir de leurs orbites, balaient la salle de droite à gauche, ses jambes ont la bougeotte ; je ne sais pas s'il jogge, danse ou retient une envie pressante. Deux cachets blancs, l'un avec le sigle de Batman, l'autre avec une étoile, un troisième rose comme un bonbon.

« Françaises ? *Muy bien chicas !* Celle-là, c'est la Pink Panther, *mucho fiesta*. C'est coupé avec du speed, tu vas plus arrêter de danser. Tu vas onduler.
— Pour toujours ?
— Non, jusqu'à 6 ou 7 heures du matin. » Iñaki fait de petits bonds sur place, projetant sur moi les gouttes de sueur qui s'écoulent de ses tempes. Il s'essuie avec son tee-shirt déchiré à l'épaule, à l'effigie du groupe américain

Rage Against the Machine. Soudain il se fixe, ferme les yeux, la tête en arrière, la main en l'air et ne peut s'empêcher de lâcher un long « olé » à chaque fois que le DJ monte le son.

Il est à peine minuit à Irun, de l'autre côté de la frontière. Au lycée, avec une amie, nous avons entendu des terminales parler de cette boîte de nuit, située peu après le pont de Béhobie. L'endroit semble mystérieux et interdit, c'est celui que je vois chaque semaine aux informations télévisées lors des saisies de drogues record en provenance d'Espagne. On traverse pour y arriver « *la frontera* », des bordels où vont les garçons. Le Pays basque espagnol, c'est l'eldorado des adolescents : une autre langue, une autre monnaie, de l'essence, des cigarettes et de l'alcool pas cher, une permissivité qui n'existe pas chez nous.

Ce vendredi après les cours, nous avons pris le scooter MBK que m'a offert André, auquel j'ai de surcroît soutiré quelques francs pour aller prétendument au cinéma. Ma copine installée sur le siège arrière et agrippée à ma taille, nous passons ce pont qui relie Hendaye à l'Espagne, les mines figées sur notre engin, espérant ne pas nous faire remarquer, le cœur battant comme deux brebis s'échappant d'un troupeau tandis que le berger n'y est pas. Nous errons un peu avant l'ouverture, mettant des pesetas dans les machines à sous des bars familiaux où des tortillas rances traînent sur le comptoir, faisant attention de ne pas parler trop fort en français et de ne pas attirer la curiosité des Basques espagnols qui ne nous apprécient pas vraiment.

À minuit tapant, nous sommes devant le Jennifer ; jamais je n'ai été si ponctuelle.

Plus qu'une boîte, c'est un monde nouveau avec ses codes et ses grands noms. Les baffles crépitent à tout-va, les enceintes vont du sol au plafond, la musique techno ne s'arrête pas, ni l'âge ni le nom n'ont d'importance. La techno, inventée en Allemagne dans les années 1980, a déferlé sur la France, mais dans les années 1990, les Espagnols ont inventé la *bakalao*, une musique qui vient de Valence et a irradié le pays jusqu'au nord en suivant la route du commerce de la morue, d'où elle tire son nom. Elle est le son de ralliement d'une nouvelle *Movida* désenchantée.

« *Vale chicas*, amusez-vous bien, buvez de l'eau de temps en temps. Ce type là-bas *es problema*, faut pas vous en approcher. Et ne pas rentrer avant 9 heures du matin, sinon il y a les barrages de *policia*.

— Et qu'est-ce que je vais sentir ? lui demandé-je, inquiète, après avoir avalé le cachet avec l'étoile.

— L'univers…, me répond Iñaki dont les pupilles ont dû exploser tant elles sont dilatées. Maintenant, *marcha* ! » nous ordonne-t-il en ouvrant son éventail aux couleurs de la discothèque. Nous voilà au courant des conditions d'utilisations. Lâchées dans la nature hostile.

Mes tympans saignent, mais quelque chose en moi s'ouvre aux *samples* électroniques. Les éléments tribaux et répétitifs, une touche de *hardcore*, un *beat* si fort que les vibrations du sol passent par la plante de mes pieds et remontent jusqu'à mon cœur dont elles deviennent le métronome. Pas la peine de lutter. Quelque chose d'animal en moi s'est éveillé.

Ici, seule compte la *marcha*. C'est la fête, mais non pour s'amuser : pour résister. À quoi, personne ne le dit.

C'est une philosophie de vie, un mouvement qui consiste, du jeudi soir au dimanche jusque tard dans la journée, à ne pas rentrer chez soi, à rompre avec toutes les règles de la société, à vivre dans les boîtes de nuit même le jour, à danser sans s'arrêter. Être le dernier à rester debout, faire en sorte que tout tourne autour de nous, jusqu'au bord du précipice, de la perte de soi, derviche tourneur de l'extrême. Ce n'est pas simplement sortir, c'est aller avec toute la force de sa jeunesse, là où personne ne peut vous reconnaître ni vous chercher, là où l'on s'invente de nouvelles lois. La première, quoi qu'il se passe : on n'a rien vu, rien entendu, on ne connaît personne. La seconde, on achète tout ce que l'on veut, on peut trouver tout ce qui existe, mais on ne revend jamais, le trafic est réservé à certains. La troisième : tout jeter ou tout avaler, mais ne jamais se faire attraper avec de la drogue sur soi. Au-dessus de ces règles, un seul commandement, la *marcha*.

Le Jennifer n'est qu'une des discothèques qui jalonnent le pays et qui font partie de la *ruta del bakalao*, ou la route destroy.

« Ça me fait rien du tout son truc.
— C'est clair moi non plus, me répond ma copine. Dis, j'ai pas la langue qu'a gonflé ? Elle rentre plus dans ma bouche », enchaîne-t-elle, sortant sa langue pour lui faire prendre l'air. Elle n'arrête pas de se caresser les cheveux.

« Ils sont vivants, regarde, ils bougent ! » s'exclame-t-elle, visiblement aux anges que ses capillaires dansent avec elle et les faisant toucher aux Espagnols autour d'elle. En quelques minutes, sa chevelure devient l'objet de toutes les attentions. On veut absolument s'y frotter, on l'appelle même « *el pelo magico* », les cheveux magiques. Je me mets à pleurer parce que mes cheveux ne veulent pas danser. Pourquoi mes cheveux ne m'aiment-ils pas ? Peut-être sont-ils morts ? Oh mon Dieu ! Je suis si triste. Ils sont attachés, bien sûr, c'est pour cela qu'ils ne peuvent pas danser ! J'arrache l'élastique qui les retient prisonniers, ils s'animent, jouent avec mes doigts, ils les chatouillent ! Une vague de chaleur s'empare de mon corps et de l'intérieur de ma tête, mon cerveau fait des bulles, au sens propre du terme. C'était effervescent comme cachet ? Il aurait pu prévenir Iñaki, c'est pas sympa.

L'air est si dense, il m'enveloppe totalement, j'ai la sensation que c'est de l'eau. Je commence à nager avec mes mains. C'est dingue comme j'avance vite ! Je traverse la boîte dans un sens puis dans l'autre, tantôt en brasse, tantôt en dos crawlé ; je compte les longueurs. Mes jambes sont montées sur ressorts, elles répondent à la musique, c'est incroyable ! Sitôt qu'elle accélère, elles aussi ! Je fais des sauts qui me portent jusqu'au plafond, je ne ressens plus la douleur ! Ma cheville qui me semble en permanence transpercée par un couteau invisible, depuis mon accident, soudain cabriole en toute liberté ! Je suis comme les autres, cela faisait si longtemps que j'en rêvais !

Eux aussi sont cadencés sur la musique, ils bougent au ralenti, ou en accéléré. Pas besoin de se parler, nous communions en silence autour des vibrations des enceintes. Mais j'ai quand même besoin de bavarder. Avec tout le monde. Au lycée, on me questionne souvent sur ce que cela fait d'être surdouée. Je n'en ai aucune idée, je n'ai jamais expérimenté le fait d'être dans un autre cerveau que le mien. Je suis née dedans, et il n'est pas partageur. On me pose des colles mathématiques improbables auxquelles je suis incapable de répondre, et on conclut d'un : « Mais c'est nul, ça sert à rien ton truc. » Ils s'attendent à ce que je me transforme en superhéros la nuit tombée et que je combatte le crime ou quoi ? Tiens, j'aurais dû prendre la pilule Batman, peut-être que c'est ce qui se serait passé ! En effet, rien de bien spectaculaire à part que j'ai sauté deux classes, que je m'ennuie dans celle où je suis, que je n'ai pas besoin de prendre de notes. Tout est stocké dans la caisse enregistreuse de ma mémoire. Lundi je pourrai aller en cours après cette soirée sans que l'on ne voie rien. Tout se passe à l'intérieur. À l'état normal, dans ma tête, c'est le Tour de France en permanence, ça mouline du mollet, je me pose des questions rien que pour me contre-argumenter, et me réponds, pour me challenger, dans une autre langue que la mienne. On y trouve en continu une gay pride et le conseil de sécurité de l'ONU.

Mais alors là, grâce à l'ecstasy étoile, sous mon crâne c'est carrément la Nasa et le programme spatial américain, ça fuse, je décolle.

« Qu'est-ce que tu fais enfin ? »

Ma copine me secoue le bras. Les lumières sont rallumées ; depuis combien de temps, je ne le sais pas. La boîte se vide, seuls restent au milieu quelques-uns dont les yeux ne supportent pas d'affronter le jour. Ils tâtonnent, les cheveux collés, on dirait des taupes aveuglées, débusquées de leur terrier.

Apparemment, j'explique à un Espagnol médusé qu'il faudrait concevoir une fusée non plus pour aller de la Terre à la Lune, mais pour aller au cœur de la Terre, en passant par les océans. Bref, je viens d'inventer le concept du sous-marin, et sur le coup, cela me semble une idée de génie.

Songeant au conseil d'Iñaki, nous achetons avec nos derniers sous une bouteille d'eau dans un café attenant.

« Je suis sûre que les vieux nous jugent, me dit ma copine.

— Mais non, tu hallucines encore, ils ne se doutent de rien. »

Au-dessus du bar, une icône de la Vierge Marie ; autour d'elle une dizaine d'anciens, appuyés sur des cannes en bois torsadé, sculpté ou vernis. Il est 8 heures du matin, nous sommes mineures, claquons des dents, il manque une chaussure à ma cavalière, bien sûr qu'ils ont compris.

Nous enfourchons mon scooter, en direction de la France. Un périple de quarante kilomètres qui me semble la piste d'un rallye des sables. Lunettes de soleil sous mon casque sans visière, je prends la corniche d'Hendaye, une route nationale longeant la mer depuis une haute falaise, là où, nous a-t-on dit, la police ne vient pas. Le soleil se lève de l'autre côté des Pyrénées, le vide presque sous nos pieds fait un appel d'air, on s'amuse pour tuer le temps à fermer les yeux et à compter le plus longtemps possible, avant de les rouvrir. Moi j'espère les ouvrir au milieu de ma chambre d'enfant.

Il ne faut se méfier que de deux choses, les types de l'ETA qu'il vaut mieux ne pas énerver, et ceux de l'Ertzaintza, la police basque, qui leur court après. Je n'ai vu ni l'un ni l'autre à ce jour, je ne sais pas à quoi je vais les distinguer, car ils ont la manie de tous se cagouler. Il faut s'enfoncer plus profondément dans le Pays basque pour être un bon afficionado de la route de la *bakalao*. Le Jennifer c'est bon pour les premiers émois, nous a renseigné Iñaki. Les vrais vont plus loin, à San Sebastian.

Dans sa Golf GTI, un passager me tend un boîtier de CD sur lequel sont disposées plusieurs lignes blanches, bien régulières. Le copilote a ouvert un petit pochon en plastique bleu, pris une carte de crédit, et commence à écraser les petits cailloux qui s'y trouvent pour en faire un concassé couleur coquille d'œuf. Quelle dextérité ! Tandis que la voiture grimpe dans les montagnes escarpées, musique à fond, avec de simples feux de brouillard pour ne pas se faire remarquer, il ne lâche pas son affaire, roule un billet de pesetas, se le colle dans le nez et aspire si fort qu'il ratiboise sa ligne d'un trait. Les autres passagers applaudissent. Ça doit être comme pour un anniversaire, il faut souffler la bougie sans s'y reprendre à deux fois ! Il tend le billet au conducteur qui, sans ralentir, fait disparaître la sienne à son tour.

Autour de nous des bois, des moutons, plus haut les sommets. Il fait humide même en été, personne n'habite là, même l'autoroute n'y passe pas. Le CD arrive jusqu'à moi. « C'est du speed. Amphétamines, *chica* ! Avec ça tu vas danser toute la nuit... Olé ! » Ça m'aurait étonné ! Apparemment, tout ce qu'ici je peux toucher, avaler, sniffer ou boire est conçu pour me faire danser toute la nuit ! J'inspire un grand coup, comme si j'allais plonger en apnée. Ça pique ! Bon Dieu qu'est-ce que ça pique, c'est horrible ! Je demande autour de moi si je ne saigne pas du nez, les autres rient.

Iñaki se gare parmi des centaines de phares, ouvre son coffre, rempli par deux enceintes couchées. « On a fait tout ce chemin pour venir sur un parking ? Où est la boîte ? » Je n'ai vraiment plus rien d'une surdouée passé minuit. « Devant toi. » J'ai beau regarder, je ne la vois pas. La porte d'entrée s'ouvre un instant, j'aperçois des lasers, des vrombissements, de la fumée, une inscription : Jazzberri. Un bunker que l'on croirait désaffecté de l'extérieur. Avec mon débardeur, ma petite pochette et ma tignasse blonde parmi ces têtes brunes, je me sens vulnérable mais en même temps protégée. Les hommes ici n'agressent pas les femmes, elles sont leurs égales dans la *marcha*. L'ETA organise tous les trafics, et se venge sur son territoire de celui qui contrecarre ses lois. Les autres ne sont là que pour s'amuser, l'organisation veille sur tous. Des autocollants indépendantistes décorent chaque pare-brise. On parle basque, espagnol, très peu français.

Le tampon apposé sur ma main, me voilà à l'intérieur. Deux étages, des bars partout, des podiums entourés de cages pour danser. Pas un coin de la boîte sur lequel on ne prend pas de traits ; une table, un mur, le dos d'un copain recroquevillé. Je monte les escaliers à grandes enjambées et contemple la scène depuis le balcon. Plus d'un millier de jeunes de ma génération, tous, comme moi, touchés par la rage. Il y a quelque chose de déterminé dans leurs yeux défaits par les substances alcooliques et chimiques.

Une danseuse du club, au short pailleté, m'offre un éventail en passant. Elle est blonde, je lui souris, j'ai envie de l'aimer. On me fait des clins d'œil entendus, me tend des pouces levés de félicitations. « Cela veut dire que tu es une des amazones du club, que tu peux aller danser sur le podium. C'est un privilège », me renseigne-t-on. Mon éventail ouvert, les consommations viennent à moi, plus besoin de payer. La vodka pomme est ici en proportion inversée par rapport à la normale, deux tiers de vodka, un tiers de jus de fruit. Je ne sais pas ce qu'il me prend, je me mets à m'éventer le visage comme une courtisane, je suis la marquise de Pompadour à la cour des indépendantistes.

Il est à peine 2 heures du matin. Le speed me fait contracter les mâchoires. Je me regarde dans un des miroirs disposés sur les pylônes centraux : j'ai le teint blafard. Surtout, pourquoi ai-je les yeux en forme de triangle ? On me propose des pastillas, des comprimés d'ecstas, toutes les deux secondes. Plus rapide que le vol du colibri, le vol du dealer au Jazzberri !

Ils ne font pas que vendre de la drogue. Leur rôle est des plus importants. Tels des alchimistes, les voilà garants de l'humeur de la soirée, de sa teinte comme de son ambiance. Suivant leur arrivage, leur dosage, tout peut vriller. À eux de savoir repérer qui a besoin de planer, qui de redescendre. Une fille s'approche de moi. Si je peux sentir ses seins contre les miens, c'est qu'elle est vraiment trop près. N'a-t-elle pas vu mon éventail ? Pour qui se prend-elle ? Elle s'avance encore, m'embrasse à pleine bouche. Sur sa langue, un petit cadeau. Elle repart en souriant. C'est une technique pour faire prendre une pastilla aux récalcitrants. On ne peut rien contre le baiser à l'ecsta. Le souci, c'est que je ne sais absolument pas ce qu'elle m'a donné ! Je trouve un dealer et lui demande de me commenter le menu de ce soir. J'ai déjà du mal à gérer les surprises quand il s'agit d'un dîner non planifié, alors des hallucinogènes puissants, n'en parlons pas !

« Il y a des Bart Simpson. Si tu as pris ça, tu verras tout le monde en jaune. Y a aussi des Dark Vador. C'est pas pour tout le monde, ça rend un peu paranoïaque », me répond Iker, un des plus gros vendeurs de la boîte auquel mon statut de femme à éventail m'a donné accès. Il se remarque de loin, c'est le seul type avec des lunettes de soleil, et parfaitement immobile au milieu de haricots sauteurs. Iker est si respecté qu'un cercle vide de deux mètres se forme autour de lui, et l'entoure chaque fois qu'il se déplace.

« Et lui, là, il a pris quoi ? » Je contemple un gars qui met des coups de poing dans un miroir du pylône. Les mains en sang, il jette bientôt son épaule contre le béton.

« Ça, justement, c'est la Dark Vador... Mais t'en fais pas, y a aussi pas mal de Takeshi ce soir. »

Iker disparaît dans l'obscurité. Soudain, les danseurs se mettent à bouger étrangement. Ils rapetissent. Leurs yeux se brident, et leurs voix se font drôlement aiguës. Je cours jusqu'au parking, j'ai besoin de prendre l'air. Des halètements résonnent du côté des arbres, en contrebas. Un fauve qui aurait sa patte prise dans un piège. J'avance entre les ombres immenses des arbres. Le type du pylône ! Il est en train de menacer les pins qui lui font face et les roue de coups un à un ! Surtout ne pas faire de gestes brusques, tourner les talons et filer en douceur sans qu'il me remarque. Je traverse le parking, des lumières bleues passent à toute allure. « Ertzaintza ! Ertzaintza ! »

Des gens courent dans tous les sens. Si la drogue m'empêche de sentir la douleur, la réalité jamais ne me lâche, ma cheville ne répond pas, ma pointe de pied tombe vers le bas, depuis quelques mois. Je ne peux plus courir.

Des carrures immenses en uniforme noir, cagoulés, fusil à pompe à la main avancent en colonne et encerclent le bâtiment. Rassemblée avec le reste du troupeau qui n'a pas réussi à s'enfuir, je suis plaquée contre le mur collant de la discothèque. De chaque côté, d'autres pauvres hères, bras et jambes écartés. Les hommes en noir nous fouillent un par un méthodiquement, je sens un petit doigt aborder ma main gauche. Est-ce vraiment le moment ? J'incrimine du regard son propriétaire qui me fait un signe. Chacun se fait passer la drogue de gauche à droite, de main en main. Je retiens les pochons contre la paroi, et les fais doucement glisser jusqu'à la prochaine main, juste avant que le policier basque n'arrive à moi et n'entame une recherche énergique. Mon voisin n'a pas été assez rapide, un gant noir lui enserre la nuque et l'embarque, tel le rapace qui se saisit d'un mulot et le soulève de terre.

Le Jazzberri doit fermer pour la soirée. Le propriétaire vient d'être assassiné à quelques kilomètres de là, l'Ertzaintza craint un règlement de comptes. Elle remballe ses effectifs avec dans ses camions quelques dealers, un soupçon d'armes et de liquide pour faire passer le tout. À peine huit minutes se sont écoulées, je viens de vivre mon premier raid, j'ai vu toute ma vie défiler devant mes yeux triangulaires aux pupilles dilatées.

La peur au ventre, je titube jusque l'extérieur. Iñaki, Iker, tous ceux que je connais ont filé, le bois quelques instants auparavant si animé semble désert, on entend même les hiboux voler.

« Monte *rubia*, vite ! » Un jeune homme ouvre la portière de sa Citroën jaune citron, une voiture de papa bien étrange pour un garçon d'à peine vingt ans. Je saisis machinalement mon trousseau dans ma pochette et place trois clés entre mes doigts, me rappelant le seul bon conseil que m'ait donné Léna, profitant de ce laps de temps pour examiner son visage et le mémoriser. Comment se fier à celui dont je ne vois presque rien, en pleine nuit au milieu des bois ? Le parking se vide plus vite qu'une bouteille de rhum lors d'une soirée de filles célibataires, il ne reste que quelques voitures qui font crisser leurs pneus, c'est ma dernière chance de ne pas finir ici.

Il s'appelle Gaetàn, il n'a qu'une seule boucle d'oreille, c'est bon signe. « On va aller dans un after que je connais, on sera en sécurité, le temps que cela se calme », m'annonce-t-il. Feux éteints, nous suivons la horde de voitures, bifurquons vers les montagnes, jusqu'à une sorte de bergerie. À l'intérieur, une salle centrale avec des matelas, une fumée haute qui lèche les poutres en bois. On discute fort, on tape du poing, des *basta* résonnent. Un type se noue un élastique marron autour du bras. Un autre approche avec une piqûre. Sans doute un rappel de vaccin ? Au fond contre le mur, un drapeau basque étendu et, devant, un caméscope posé sur un pied. Gaetàn m'entraîne dans une salle adjacente, dont les murs et le plafond sont couverts de boîtes à œufs. Il ne serait pas si beau, je hurlerais à la mort. Et personne ne m'entendrait !

Les yeux verts, le visage glabre, la voix claire ; il présente si bien qu'il pourrait presque plaire à Yvette. D'autres garçons nous rejoignent. Gaetàn parle, ils l'écoutent. Le Pays basque, notre terre, n'est pas à vendre. Les touristes sont une plaie, nous n'avons guère besoin d'eux, nous sommes riches de ressources et d'industrie. « Pourquoi prêter le flanc aux caprices d'étrangers, quand nous n'avons qu'à faire sécession ? Déclarons l'indépendance des sept provinces et nous vivrons en autonomie financière et agricole ! Et si les Français ne suivent pas, nous ferons sans eux ! *Gora Euskadi !* Vive le Pays basque ! » Je me prends à répéter leur slogan. Les effets du Takeshi disparaissent, mais j'ai la sensation que rien ne peut m'arrêter. Je suis ivre de transgression. Je n'ai plus peur de rien. Gaetàn m'apprend que les établissements comme le Jazzberri doivent payer l'impôt révolutionnaire s'ils veulent rester ouverts. Je lui demande s'il fait partie des terroristes de l'ETA ; il sourit. Il n'y a pas de terroristes ici, je ne devrais pas employer de si grands mots dont je ne connais pas le sens. Il se saisit d'une guitare et me joue un morceau en me tendant un joint. Plusieurs heures s'écoulent en sérénades et en baisers.

Le jour enfin se lève, Gaetàn aussi. Nous arrivons dans un immeuble de Oiartzun, à quelques kilomètres de la frontière. De l'appartement, je ne vois rien que sa chambre avec son petit lit. Les draps me chiffonnent, ornés de petits ballons de football, on dirait ceux d'un enfant. Il enlève son tee-shirt, son pantalon, s'approche de moi dans son caleçon à l'effigie de Batman ! Ce n'est pas possible, on ne peut tenir de tels discours politiques et être affublé d'un sous-vêtement avec des bonshommes ! Un tour de clé dans la serrure, il panique : « Mes parents ! » marmonne-t-il. Il semble s'émouvoir à l'idée que ses parents le surprennent bien plus que des exactions de l'Ertzaintza. Le comble pour un indépendantiste de vivre chez ses parents ! Il m'ouvre la porte-fenêtre et me fait signe de sortir.

« Je ne suis pas trapéziste, moi !

— C'est le premier étage, tu ne risques rien, je le fais souvent. »

Me voilà tendant les pointes de pied vers le talus, m'apprêtant à me réceptionner sur une jambe seulement, de peur de casser l'autre à nouveau, tandis que je me fiche des échardes dans les mains en me retenant au garde-corps.

Après de longues minutes de marche, je rejoins la gare locale et monte sans billet à bord du *topo*, le train reliant l'Espagne à la France. C'est bien la moins dangereuse des choses que j'aie faites cette nuit.

L'Océan me lave des saletés que j'ai touchées, je suis vivante, j'ai réussi à rentrer, c'est peut-être bien vrai que j'ai des superpouvoirs, qui sait. Sur la plage, une dame avec une visière bleu fluo et un maillot de bain en écailles dorées marche vers moi, elle est toute petite et semble bossue. Mon Dieu, 12 h 20, je dois être à l'heure pour déjeuner, autrement André partira, Yvette ne mangera pas, elle dépérira, et André m'en voudra toute sa vie.

« On ne t'a pas vue ce matin, d'où reviens-tu toute trempée comme ça ?
— De la plage, je suis allée me baigner.
— Sans serviette ni maillot de bain ?
— Tu es trop conventionnelle.
— Allez, à table, ne fais pas crier André. »

Yvette tourne les talons. Elle n'est pas entrée dans ma chambre et n'a pas vu mon lit intact de la veille. Pourtant le mascara au niveau des joues, le tee-shirt imbibé, elle devrait se douter de quelque chose, non ?
C'est la première fois que je mens à Yvette. Et elle s'est laissé faire. Moi qui pensais qu'elle voyait tout, je comprends à présent qu'elle est, comme beaucoup, facile à duper. Il suffit pour cela de cacher la vérité. Mes boyaux crient et me torturent. Quelque chose en moi s'insurge de toutes ses forces contre le mensonge. Je ne le tolère pas.
Devant mes crudités, j'ai des haut-le-cœur, impossible de manger. Je suis en pleine redescente. J'ai la sensation de m'enfoncer dans ma chaise, comme si je coulais, la bouche sèche, pâteuse, ma langue pèse une tonne, j'ai mal aux dents. Mes oreilles entendent toujours la musique

alors que mes grands-parents déjeunent en silence. Ma main est agitée de spasmes, chaque fois que j'essaie d'approcher ma fourchette de ma bouche, je fais fausse route.

« À quoi joues-tu, Enaid, avale !
— C'est chaud, j'attends que ça refroidisse.
— C'est des carottes râpées ! »

Du sable. J'ai l'impression de mâcher du sable. Je vais mourir étouffée par des carottes râpées, pauvre de moi ! J'ai envie de pleurer, de m'effondrer, que l'on me prenne dans les bras, que l'on me dise que je n'ai rien à craindre. Yvette ne pipe mot, André ne me regarde pas.

« Qu'est-ce qu'on mange après ? demande André.
— Du hachis parmentier. »
Je n'y survivrai pas.
« Pardon mais je n'ai pas très faim, j'ai dû attraper froid dans l'eau ce matin. »
Je mens encore, j'ai pris le pli. Mais que puis-je lui dire d'autre : « Bonjour, grand-mère, que votre maison est jolie, je me suis droguée, j'ai eu peur, j'ai eu mal, mais je me suis sentie vivante pour la première fois depuis bien longtemps, et plus intensément que jamais » ? Cela ferait désordre au milieu des cadres dorés et des meubles hollandais. Ce boniment si bien accepté me rend plus triste encore que tout le reste, comme si je venais de déchirer la toile d'une fine dentelle, celle de ses napperons, de sa confiance. Maintenant que je suis de l'autre côté de la barrière, je n'ai plus peur d'elle. En un seul mensonge, je suis devenue une autre.

Ce soir, ce sont des Love dont Iker le dealer a abreuvé le Jazzberri. L'effet ne se fait pas attendre. En moins d'une heure, la discothèque se vide. Où sont-ils tous passés ? Dans les champs alentour. Insensibles à la douleur mais avides d'amour et de plaisir, les jeunes traversent les ronces et reviennent par deux, trois ou seuls, griffés de la tête aux pieds. Le soleil ne va pas tarder à se lever, Iker propose de me ramener. Il me confie sa banane, dont il ne se départit jamais, qui le gêne pour conduire. Il n'est pas bavard derrière ses vitres teintées, il a gardé ses lunettes et roule à presque deux cents kilomètres à l'heure.

Quelques sorties avant le poste-frontière, une envie pressante me prend, je dois faire un arrêt sur une aire d'autoroute. Dans les toilettes à la turque, j'accroche mes affaires au petit crochet en hauteur. Vu mon état de lucidité, mes chaussures me semblent hélas à sacrifier si je veux arriver à mes fins. Iker klaxonne, il tient à passer la douane au moment de la relève, le parcours est minuté.

Nous filons entre chien et loup. « Tiens, donne-moi mon sac », me dit-il une fois la frontière passée. Je regarde sous le siège, autour de moi, rien. Les toilettes de la station-service ! Je lui avoue tout de suite que je l'ai oublié là-bas ? « C'est la faute des Turcs, ça m'a décontenancée », lui dis-je en faisant mon sourire le plus niais. Son pied s'enfonce sur l'accélérateur. Il tourne lentement sa tête vers moi et enlève ses lunettes de soleil. C'est la première fois que je le vois vraiment. Iker a déjà plus de trente ans, il a passé l'âge des jeux d'enfants. Et je viens de perdre sa marchandise. Ses yeux sont comme les canons des fusils de l'Ertzaintza. Il accélère toujours, la barrière de sécurité se rapproche. Mais il braque à la première sortie.

« Je suis trop fatigué pour conduire, j'ai besoin de faire une pause, lâche-t-il enfin. On va s'arrêter une demi-heure dans un hôtel. »

Je vois d'ici le titre du journal demain matin. « Une jeune femme retrouvée morte étranglée dans un hôtel près d'Hendaye. Elle y avait suivi un vendeur de drogue qui avait prétendu avoir les yeux fatigués. » Le genre d'articles dont on ne peut s'empêcher de commenter en le lisant : « Pauvre petite, mais tout de même, quelle cruche ! »

« Je t'attends dans la voiture.
— Je préfère la fermer à clé.
— Tu peux m'enfermer dedans, je ne bougerai pas. » Sitôt prononcée, j'ai un énorme doute sur la formulation de cette phrase. « D'ailleurs je crois que je suis malade », ajouté-je faisant mine de vomir tripes et boyaux par la fenêtre. Passablement écœuré, il m'ordonne de le rejoindre sitôt ma nausée passée. Je joue la scène jusqu'à ce qu'il disparaisse dans le motel. Mais sans courir, comment quitter les lieux ? Je n'ai peut-être gagné qu'un

maigre sursis. Une voiture passe à proximité, j'ouvre la portière et hèle les passagers.

« Où allez-vous ?

— Ibiza, me répondent-ils.

— Parfait, moi aussi, je m'appelle Enaid. »

La semaine prochaine, je passe le baccalauréat. Tous les lycéens de France sont en train de réviser, moi je suis dans une voiture avec deux inconnus en direction d'Ibiza. Ils viennent de Bordeaux et sont en couple, enfin je peux me reposer. Lorsque j'ouvre les yeux, face à moi s'élève un immense paquebot de plusieurs étages amarré à l'embarcadère de Barcelone. Nous n'avons pas de cabines, eux sont riches d'un sac de couchage qu'ils se partagent sur le pont, je n'ai même pas de vêtements de rechange. Comment ferai-je sur place, où vais-je dormir, que dire à Yvette ? J'y penserai demain, ou peut-être jamais.

Les cheminées du bateau lâchent un cri de contentement, nous quittons la terre. Personne ne viendra s'emparer de moi tant que nous naviguons. Depuis combien de temps ne me suis-je plus sentie en sécurité ? Tout ce que j'avais prévu jusqu'à présent dans ma vie est allé de travers. Je me sens fatiguée. C'est la première fois que je dors à la belle étoile, et je file sur la Méditerranée. Un de mes nouveaux compagnons essaie de m'expliquer les constellations, et pointe du doigt la Casserole, juste au-dessus de nous, pour que je puisse me repérer. Il faut avoir l'esprit bien étroit pour voir dans les astres des ustensiles de cuisine. Les hommes sont ainsi : ils mettent un nom, une forme connue sur une chose, et disent ensuite fièrement qu'ils la connaissent. Que m'importe cette connaissance-là. D'autres, avant nous, l'ont appelée autrement, d'autres après, feront de même. L'étoile ne sait pas ce qu'est une casserole, mais nous, pour nous rassurer de ne pouvoir la toucher, avons besoin de la nommer. Dater, analyser, circonscrire, c'est là tout notre pouvoir sur le monde. J'y vois les rêves de plusieurs milliards d'humains, des souhaits qui veulent être entendus, j'y vois quelque chose qui n'a pas besoin de nous pour briller. Je n'ai pas envie de me repérer, je veux me perdre, être éblouie. Une mer d'huile autour de nous reflète chaque étoile, comme des points scintillants sur l'ondée. Moi je veux ressentir, connaître par expérience, regarder les étoiles en face et les apprécier pour ce qu'elles sont, comme des êtres que je ne comprendrai sûrement jamais tout à fait, mais qui m'émerveilleront à chaque fois que je les retrouverai. Ne pas savoir grand-chose peut-être, mais être pour de vrai.

« Ça risque de piquer un peu.

— Oui, je connais, j'ai déjà fait le nombril et le nez », lui réponds-je en levant mon tee-shirt et en arborant fièrement le petit diamant que j'ai sur le ventre. Cela m'avait provoqué, sur le coup, une certaine douleur, qui avait fait place à un sentiment de liberté plus durable que la drogue. D'autres veulent s'emparer de ma peau, y faire des cicatrices, mais elle est à moi, rien qu'à moi. J'ai besoin d'y faire des trous pour m'en assurer. Yvette a hurlé en me voyant arriver un jour avec un anneau dans le nez, elle a fait tomber son bol de chicorée. Elle ne boit jamais de café, c'est trop fort pour son cœur ; le docteur le lui a dit. André a replié son journal, en maugréant : « Dommage que tu ne l'aies pas fait au milieu, comme on fait aux vaches du Nord. On aurait pu t'attacher, t'aurais moins galopé », puis il est retourné à sa lecture.

« Là, ça risque quand même de piquer un peu. » Le technicien en forage cutané avance son siège à roulettes au Skaï noir déchiré vers moi. Ce n'est plus une aiguille qu'il tient dans ses mains, avec une telle largeur on appelle cela une aiguille à tricoter ! Il ne va pas me planter ça dans le corps ! Il approche de ma bouche son bras entièrement tatoué et se saisit d'une sorte de pince en métal.

Je considère l'intérieur de la boutique : de la musique rock à fissurer les murs, un mannequin de magasin de vêtements couverts de piercings, sans doute pour montrer les modèles. « Pardon, monsieur, vous auriez celui de l'arcade en taille 42 ? » Au fond, la sculpture d'un immense bouddha. Si un lieu sur terre ne m'évoque pas la sagesse et le renoncement, c'est bien chez ce tatoueur d'Ibiza !

Dans le box d'à côté, l'encreur professionnel ne chôme pas. Il enchaîne les sigles chinois sur les fesses des Occidentales ou des fils barbelés sur les biceps en devenir de leurs chéris. Le bruit nasillard de son aiguille électrique me crispe au plus haut point. Je ne suis plus très sûre d'avoir envie d'être là. Le perceur finit de stériliser ses instruments.

« Excusez-moi, sur votre cou, là, c'est un serpent qui entoure une femme, ou une femme qui entoure un serpent ? » Tanné par le soleil, la cinquantaine bien tassée, difficile même à faible distance de faire la distinction.

« Respire, on va y aller. Ça va piquer un peu.

— Est-ce que c'est Ève, harassée par le serpent de l'Éden ?

— C'est Rosalida, mon ex-femme. J'espère qu'elle se fera étouffer par un serpent. Je peux y aller maintenant ? Ça va piquer un peu. »

Il enfile ses gants en caoutchouc, peine à y faire entrer ses bagues, en déchire un premier, soupire, se saisit de la boîte, en tire second, place la pince sur ma langue, la tire d'un geste énergique à l'extérieur de ma bouche, l'asperge d'un produit désinfectant. La même odeur de Bétadine que lors de mon opération.

J'expire un grand coup, il compte jusqu'à trois, l'aiguille entre par le haut, ressort en dessous. On dirait une brochette d'agneau, ma langue, au milieu de cette pique ! Il s'empare du bijou qui l'ornera désormais, une barre d'acier chirurgical avec deux petites boules aux extrémités. Une sorte d'haltère miniature. L'homme à l'ex-femme au serpent fait coulisser l'aiguille, entrer le piercing, puis visse les boulons. Quelle douleur, mes enfants, quelle douleur !

Je n'ose plus fermer la bouche, j'ai peur de toucher le métal et de m'arracher la chair.

« C'est normal, au début. Surtout pas de nourriture solide pour l'instant, pas d'aliments filandreux, bains de bouche et désinfectant trois fois par jour. Dès que la langue aura dégonflé on pourra mettre un piercing plus petit, cela te gênera moins.

— Ma langue a gonflé ? » J'essaie de parler, mais à entendre, cela ressemble plus au babillement d'un bébé dont la bouche serait remplie de purée. Je mâche les consonnes, je suis inaudible. Je m'en assure dans un des miroirs brisés fixés au mur. Elle est énorme, pleine de sang. « Dans combien de temps va-t-elle redevenir normale ?

— Dans un mois. »

Pratique pour les épreuves orales du baccalauréat la semaine prochaine ! Encore une excellente idée. Heureusement que je suis surdouée, cela apporte une vraie consistance à mes choix.

La machine infernale vient enfin de s'arrêter. Une femme est allongée sur le ventre, presque nue. Sur son dos offert aux mains expertes, de sa nuque à la naissance de ses fesses, un tigre. Ses griffes reposent sur son épaule, ses yeux sont vifs, sa bouche si bien faite qu'on devine les crocs à l'intérieur sans les voir. On pourrait le croire agressif et s'épouvanter, au contraire il semble la protéger. Quand le tigre sera assoupi, elle se laissera approcher, mais lorsqu'elle se sentira en danger, elle pourra l'éveiller et son rugissement provoquera le respect. Je ne vois pas son visage, mais cette femme-là, c'est certain, décide de qui la touche ou non, elle sera maître de sa vie.

Quelques instants plus tard, l'aiguille électrique à six pointes du tatoueur entame sa danse stridente sur mon dos. Il y aura des vagues japonaises et l'encre noire des tatouages tribaux. Je la veux épaisse, profonde. « Que la douleur se lise. Rien de délicat ou de féminin. Qu'à me regarder on ne voie pas une jeune femme, mais un guerrier. » Il acquiesce en souriant. Au milieu des années 1990, ceux qui franchissent la porte d'un salon de tatouage ont tous une bonne raison, une souffrance nichée au fond d'eux qu'il faut aider à sortir pour l'exposer avant qu'elle ne vous ronge.

Je ne peux plus être une jolie poupée blonde. J'ai besoin d'être comme ces jeunes hommes des civilisations éloignées qui doivent prouver leur bravoure en se confrontant à la douleur physique par une épreuve qui marquera leur chair. Parfois le visage est entaillé, parfois le dos est brûlé, la lèvre élargie d'un disque. Ils peuvent alors fièrement retourner parmi les leurs. Tous verront qu'ils sont aptes à affronter la vie, à être chef de clan. Moi, j'arborerai cette encre comme la pieuvre crache la sienne pour se protéger. Elle sera la preuve irréfutable et tangible que, face à la douleur, je ne cède pas. Que si j'ai pu me vaincre moi-même, rien ne peut me briser.

Sauf peut-être une soirée mousse dans une des plus grandes boîtes de nuit d'Ibiza.

Le soir même, mon dos couvert d'un immense pansement et la langue gonflée, je suis mes deux sauveurs au Space, gigantesque discothèque au toit vitré, cathédrale de musique et de pêcheurs en tout genre. Gays, dragqueens et hétéros se pressent par milliers pour y entrer. Dans la file d'attente, c'est à celui qui se fera le plus remarquer par l'extravagance de sa tenue. Qu'il semble petit le Jazzberri à présent ! On se croirait dans un stade, mais il n'y a pas d'arbitre, pas de règles ! À minuit, un premier coup de sifflet est donné. Depuis le balcon, des canons à neige sont découverts par des danseurs du club. Au deuxième, ils actionnent les canons qui bombardent une mousse épaisse. Prise devant le jet, j'ai l'impression d'être la proie d'un extincteur déchaîné ! La pluie de mousse provoque une folie généralisée, tout le monde saute, crie, exulte. Ce n'est plus une fête, c'est une libation expiatoire.

Les visages ont une telle intensité, chacun libère tout ce qu'il a de bon et de mauvais contenu en lui, l'animalité qui lui fait honte, l'enfance qu'il a oubliée. La mousse s'amoncelle, elle atteint mes genoux, puis mes hanches, les canons en ont encore sous le pied. Parvenue au niveau de mon torse, je commence à paniquer. Elle grimpe encore, du menton jusqu'à la bouche, de la bouche jusqu'au nez. Je n'arrive plus à respirer, je me noie dans la mousse ! Il faut que je sorte. Je fends la foule en direction d'un signe lumineux, une sortie de secours ! Les trois marches qui séparent la piste de danse de la sortie échappent à mon champ de vision. Cela s'appelle un escalier ; ce qui ne va pas de soi sous la mousse. Je m'étale de tout mon long.

Ma cheville droite a doublé de volume, elle est violacée. Un Américain, steward sur un des bateaux qui effectuent la traversée, m'escorte jusqu'à l'extérieur. Il repart le lendemain et propose de me rapatrier.

Yvette ne s'émeut guère de me voir revenir à Biarritz avec une attelle et trois kilos en moins. Elle s'attendait à pire. Dans la salle d'examens quelques jours plus tard, on me tend les sujets de philosophie du baccalauréat. Les élèves triturent leur gomme, se tournent les cheveux ou répètent les citations de grands auteurs qu'ils ont apprises. Ma langue est encore gonflée, sous ma chemise blanche le tatouage n'a pas eu le temps de cicatriser. C'est mon œuvre au noir, la peau que j'habite. Longtemps j'ai voulu la cacher, l'effacer. J'ai frotté, j'ai gratté. Mais il est toujours là, le passé ; dans mon dos.

Je ne sais pas quoi faire de ma vie, et puisque rien ni personne d'autre ne la guide que l'esprit de contradiction, j'ai l'impression d'errer. J'ai envoyé un dossier dans un lycée parisien pour intégrer une classe préparatoire que l'on nomme pompeusement hypokhâgne. Je n'ai pas eu de réponse et j'ai dansé tout l'été à l'ombre des bunkers. Quand septembre est venu, tous les autres s'en sont allés, qui au travail, qui à l'université. Moi je ne veux pas descendre des montagnes du Pays basque, s'il ne doit en rester qu'une, je serai celle-là.

Un nouveau jeu est apparu dans les discothèques de la route de la *bakalao*. Parfois, dans la soirée, une sirène retentit. Elle écrase la musique d'abord, puis l'épouse parfaitement. Ce sont les alertes à la bombe. Elles me font chaque fois penser aux descriptions d'André lorsque les Allemands attaquaient Paris, et qu'on descendait se cacher dans les caves des immeubles. La sirène résonne désormais plusieurs fois par nuit. Personne n'arrête de danser. Elle produit l'effet inverse à celui recherché, elle galvanise la foule. Serrés les uns contre les autres, les bras en l'air, nous restons. Ceux qui sortent sagement ont perdu.

Ce matin-là, je quitte plus tôt que prévu le Txitxarro, un des établissements de notre chemin de Compostelle à nous, en direction d'un after plus sauvage afin de profiter des derniers jours de l'été qui s'attarde à flanc de colline. En reprenant la route, vers 11 heures, des voitures de police, de pompiers. Tous regardent, les bras ballants, la boîte de nuit, le toit éventré. Des planches de bois, des morceaux de tôle projetés à des dizaines de mètres de là, l'herbe autour soufflée. La police nous fait circuler, interdiction de ralentir.

Le bâtiment a été plastifié durant la nuit, mais le groupe a attendu la fermeture, à 7 heures du matin, pour passer à l'action. Les deux hommes chargés de l'entretien étaient de mariage et devaient quitter les lieux plus tôt que d'habitude, à 10 heures. Les attaquants, prévenus de l'horaire, patientaient sur le parking. À 10 h 15, les hommes cagoulés entrèrent dans le bâtiment, mais tombèrent face à face avec les hommes de ménage qui s'étaient attardés. Ligotés et embarqués de force dans leur voiture, ils ont été relâchés sur une colline isolée, à deux kilomètres de là. À 10 h 50 environ, une voix anonyme a appelé la Croix-Rouge, se revendiquant de l'organisation ETA, pour les prévenir qu'une explosion allait se produire quelques minutes après dans la discothèque Txitxarro.

Dans la voiture, silencieuse, les poings serrés, je me retourne une dernière fois vers ce qui a été un lieu où seule la danse comptait, que l'on soit vieux, jeune, handicapé, déviant, réunis dans une naïveté que je pensais être une liberté sans fin. Nous sommes le 11 septembre 2000. Le nouveau millénaire vient de commencer ; violent, politique, il tue ses enfants.

Sur mon lit de petite fille, une lettre m'attend. Du lycée Molière, à Paris. La rentrée a bien débuté depuis une semaine mais un élève s'est désisté, et comme j'étais tout en haut de la liste d'attente, on m'invite à intégrer dès lundi la classe de première année.

Rome

« Est-ce que Jean est là ? »

Ils sont lisses, méchés et descendent jusqu'au creux de sa taille, les cheveux blonds de l'apparition qui ouvre la porte de chez mon père. Ils ont comme une odeur de camomille, elle y passe sa main aux ongles rouges pour les démêler en éclatant une bulle de chewing-gum, je suis tétanisée. L'espace d'un instant, j'ai cru être en face de Léna. Le souvenir que j'en ai, du haut de mes trois ans, de son visage encore jeune, de son style tapageur, s'est superposé à celui de la liane qui se trouve devant moi. J'ai le cœur aussi rapide qu'un violon tzigane.

« *Niet* Jean. Jean voyager.

— Vous savez quand il doit rentrer ? »

Elle doit avoir à peine vingt ans, les jambes aussi longues que les files d'attente devant un magasin de nourriture sous le communisme et le visage rond aux joues rosées.

En quittant Biarritz le matin même, huit heures plus tôt, j'ai pris une décision dans les toilettes de la gare TGV. J'ai donné une pièce de deux francs à la dame pipi, et, puisque je quittais la ville de mon adolescence, je devais laisser derrière moi les comportements qui en avaient fait la dangerosité. Le lycée Molière du 16ᵉ arrondissement de Paris, ce n'est pas n'importe quoi.

Pour la première fois depuis les compétitions équestres, Yvette et André ont levé les yeux sur moi. J'ai tenté de leur expliquer ce qu'hypokhâgne signifie, en vain. « Tu vas apprendre à lire des livres, du latin et tout ça ? Et ça donne un métier ? Écoute, au pire, tu reprendras le magasin », m'a répondu André. C'est une fierté tout intérieur mais sincère puisqu'il a accepté de me louer un studio à Paris, ainsi que de me donner cinq cents francs par mois. Hors de question de le décevoir. Si cet homme n'a jamais pris un jour de vacances de sa vie, ce n'est pas pour voir ses économies partir en fumée. Ce désistement tardif, cette lettre, c'est un signe. On m'offre la chance de changer de vie, de me reprendre en main, de devenir quelqu'un de meilleur.

Pas de révolution sans acte de violence ; pour me prouver ma détermination, je sors tous les petits sachets en plastique que j'ai planqués, qui contiennent des substances marron, vertes ou blanches, à fumer ou sniffer, et je les jette dans la cuvette d'un geste triomphal. Vercingétorix n'a pas rendu plus dignement les armes devant César. J'appuie sur la chasse, pouce vers le bas ; aux jeux du cirque les drogues ont perdu, elles doivent mourir pour que j'aie la vie sauve. Hélas, si la poudre s'exécute et disparaît sans demander son reste, le haschich coule lamentablement au fond d'où il ne semble pas vouloir décoller et l'herbe flotte, insubmersible, malgré mes pressions répétées sur la chasse. Je tente de les lester de papier, rien n'y fait. Le train arrive à quai, j'abandonne derrière moi cette soupe et hisse la valise qu'André m'a prêtée.

Arrivée à Paris, galvanisée par les six heures de rails, une chose m'apparaît comme une nécessité : retrouver mon père, comprendre ce qu'il s'est passé, pourquoi il s'est séparé de Léna, et si c'était à cause de moi. Lui dire les tourments par lesquels je suis passée, lui demander d'être là, de me punir s'il le faut, autrement, qui le fera ? J'ai trouvé son adresse en Belgique sur le reçu d'un des mandats qu'il envoie à Yvette pour aider à mon éducation.

« Une Bruxelloise mord le policier lors de son arrestation pour vol de voiture. Un conducteur est sorti de son véhicule ce matin à 10 heures vers la Grand-Place pour uriner, quand il a été victime du vol de sa voiture. Les policiers ont tenté d'appréhender la suspecte, qui s'est défendue en les poursuivant et les rouant de coups, mordant celui qui l'interpellait. Schaerbeek... »
« Oh c'est l'endroit où je vais, mettez plus fort ! » demandé-je au chauffeur de taxi qui m'a prise en charge à la gare de Bruxelles. Il fronce les sourcils et hausse les épaules.
« Schaerbeek, le corps d'une septuagénaire a été retrouvé ce matin empaqueté dans son garage, plastifié et emballé dans une couverture. La piste de l'intervention d'un tiers est envisagée par les enquêteurs, même s'il est trop tôt, selon eux, pour affirmer que cette dernière ait été victime d'un homicide. »
Je ne suis plus très rassurée. J'ai réchappé au plastiquage par les Basques, ce n'est pas pour me faire plastifier par les Belges !
Le taxi me dépose en bas d'un restaurant nommé Friture René et file plein gaz. Le reste de la rue a de quoi me mettre le bourdon : des devantures aux voitures, les années 1980 prises dans le formol. Quand t'as foi en

Schaerbeek, t'as foi en Dieu ! Il faut avoir en effet de la friture dans la bouche pour prononcer correctement son nom !

C'est ainsi que je sonne au 12, rue Antwerpen, à Schaerbeek. Il m'ouvrira, il sourira, il pleurera, il m'emmènera au restaurant et nous partagerons un repas, le premier depuis trente ans.

Forcément, je m'attendais à tout sauf à me trouver nez à nez avec une Russe à peine plus âgée que moi.

« Jean parti semaine. Qui tu es ?
— Je suis Enaid.
— Ah oui, sa sœur. Il m'a parlé de toi.
— Je suis sa sœur ? » Elle ne perçoit pas vraiment la subtilité interrogative de mon intonation.
— Oui ! Il a photo toi dans appartement. Je suis Anya. »

Plante-moi directement un couteau dans le cœur, Anya, cela sera toujours moins douloureux ! Qu'il refasse sa vie, je me l'étais imaginé, mais qu'il efface la mienne... S'il n'y a plus de Léna, s'il n'y a plus de Jean, je ne suis donc la fille de personne. Je me sens abandonnée à nouveau, deux fois en moins de vingt ans, c'est un peu trop. Comme si l'on m'ôtait une partie de moi que je pensais jusqu'à présent être un appendice décoratif.

« Je marié Jean cinq mois. Tu veux toucher bébé ? » me sourit-elle en approchant ma main de son ventre. Allons-y gaiement, et pourquoi pas attraper la queue de Mickey ? Mes doigts se crispent, je ne peux pas toucher l'enfant qui aura tout ce que je n'ai pas eu. J'ai un haut-le-cœur. Il ne faut jamais sous-estimer l'ironie du sort, comment ai-je pu l'oublier !

De Molière, je ne sais que le nom. Face aux élèves de ma classe de prépa, je suis à sec au niveau des références, c'est marée basse dans mes connaissances. Certes mes années de *Movida* grunge m'auront enlevé quelques neurones, mais il en reste bien assez, le souci n'est pas là. C'est plutôt que, jusqu'à présent, je ne les ai pas beaucoup utilisés. Pour moi Haussmann, c'est un boulevard et Lafayette, une galerie marchande. S'il faut qu'ils soient en plus baron ou général d'infanterie, cela se complique. Dès lors, qui était Champs-Élysées, un maréchal ?

Ce qu'il y avait de bien avec le lycée de Biarritz, c'est que je n'y allais pas. Je séchais. Au soleil. Sur la plage. Après m'être baignée. Tous ici se ressemblent, mocassins et ballerines, sacs de marque et polo sport. Je coupe mes dreadlocks et arbore une coupe courte à la Jean Seberg, enlève mon anneau dans le nez pour mieux m'intégrer, mais cela ne suffit pas. Mes chaussures en cuir me serrent, mon jean pareil, j'ai l'impression d'être déguisée.
Le premier cours de grec ancien me confirme ce que je craignais. L'idée qu'un mot décline suivant sa position et sa fonction dans la phrase m'apparaît totalement abjecte, le signe de peuplades cruelles et dérangées, qui – ayant déjà tout essayé – cherchent des moyens de compliquer la communication entre humains.

Sur le tableau en bois de l'entrée du lycée, les affichettes d'un professeur particulier. Fort d'un doctorat, diplômé de la Sorbonne, il propose ses services en littérature, philosophie et grec ; ce n'est plus un professeur, c'est le

Messie. Ce sauveur providentiel me donne rendez-vous le lendemain, dans le Quartier latin. Il ouvre la porte, grand, nez aquilin, des lunettes rondes, il est italien.

Son appartement est empli de livres du sol au plafond, sur de petites planches de bois clouées de manière désordonnée aux quatre murs. La pièce est peinte dans un ocre rosé, un pied de basilic trône sur le bureau, un poster de Michel-Ange dans le couloir : je suis un peu en Italie. Ma renaissance est ici. Je lirai chacun de ces livres, je m'envahirai de leurs mots, je deviendrai quelqu'un. Plus jamais on ne se moquera de moi, plus jamais on ne me dira que je ne compte pas. J'ouvre une nouvelle page de ma vie, j'aurai voix au chapitre.

Je montre à l'Italien le programme que les professeurs m'ont donné, le regarde prendre des livres, en lire certains passages à voix haute, les jeter au sol, déclamer en grec ancien les débuts de la *Métaphysique* d'Aristote et du Nouveau Testament, des fondamentaux selon lui que je dois retenir. Son accent roule des mécaniques, sa langue est furtive. Il accepte de s'occuper de moi, mais a besoin de mon engagement total. La nuit commence à tomber, il allume des chandeliers qu'il pose un peu partout. Il ponctue ses phrases de grands gestes, si je coupe le son un instant on dirait qu'il parle en langue des signes. Il va vite, je ne sais pas où, mais je dois le suivre.

Je ne peux pas rentrer à Biarritz, la tentation de l'Espagne est encore sur mes talons. Mais ici, pour avancer, j'ai besoin d'une locomotive. L'Italien passe de l'Antiquité au XVIIIe siècle avec une telle aisance, c'est un ballet fait de pensées et de mots, une suite logique avec entrechats. J'ai le tournis, j'ai encore oublié de manger. Il s'interrompt, disparaît dans la cuisine, revient, deux assiettes dans les bras, l'une pleine de pâtes croquantes, l'autre d'un fromage rond, blanc, gorgé d'un lait divin, recouvert d'huile d'olive.

« Allez, mange, tu maigris à vue d'œil, *uccellino*.
— Qu'est-ce que cela veut dire ?
— Petit oiseau. Cela te va bien. »

Je m'exécute, tentant de mâcher en silence et d'avaler en quatrième vitesse ; il me regarde en souriant. Il a l'air heureux de me nourrir, et moi j'ai tellement faim. Les chandeliers, la couleur ocre des murs, son accent, j'ai l'impression d'être dans un restaurant où l'on s'occuperait uniquement de moi. Je suis en sécurité. C'est ainsi qu'à cause d'un peu d'huile d'olive et de mozzarella, ma vie a basculé.

Ce n'est pas encore la mode des bipolaires et des pervers narcissiques, en 2000 on appelle bêtement cela un maniaco-dépressif et un connard égoïste. Mais j'ai toujours été en avance sur les tendances. Alors dès que j'en ai vu un, j'ai sauté sur l'occasion. Comment les reconnaît-on ? Une fois qu'il est trop tard, comme cela, on a bien le loisir de s'en vouloir et de culpabiliser. C'est ce qui fait tout le sel de ces relations. À ce niveau-là, ce n'est plus du gros sel de Guérande, c'est carrément du poivre de Cayenne. On ne s'ennuie pas. Les montagnes russes sans bouger de chez soi.

En m'installant à Paris, dans mon studio près du lycée Molière, j'avais dans la salle de bains une baignoire couleur vieux rose, à laquelle les toilettes, le bidet ainsi que le lavabo étaient assortis. Je rêvais d'une douche à l'italienne, comme j'en voyais dans les magazines de décoration intérieure. Je n'ai pas eu à attendre longtemps !

L'appartement aux mille et un livres devint mon havre de paix, je m'y réfugie dès que je finis les cours. Paris est une ville dangereuse pour une femme seule. Surtout pour celles qui ont l'air fragile, qui pressent le pas, marchent en s'excusant d'exister. On les attaque en premier. C'est lui qui l'a dit. Il sait tant de choses, il a forcément raison. Il est fin psychologue. Il a tout compris de moi, des blessures que je tais, de mon envie d'être aimée. Cela ne fait que quelques semaines qu'il me connaît, mais déjà tellement mieux que ceux qui m'ont vu naître.

Lorsqu'il rentre du dojo où il est maître de kung-fu, il se met aux fourneaux en m'enseignant les principes de la philosophie. Il a une méthode un peu particulière. Je dois me tenir debout, immobile, et réciter à voix haute *La République* de Platon jusqu'à en savoir des chapitres par cœur. « La raison doit pouvoir s'appuyer sur la mémoire pour marcher », répète-t-il. Je ne peux me tenir que sur une jambe, l'autre est chaque jour plus douloureuse. Un flamant rose un livre à la main. Au lycée, les élèves parlent de la philosophie comme d'une science obsolète et périmée. Lui suit les préceptes du tao, il donne vie à la philosophie. Dans le taoïsme, le bonheur est un bateau dont le navigateur sait profiter des courants pour le conduire là où il le veut. Mais celui qui a inventé le bateau a aussi inventé le naufrage, il ne faut donc pas s'enorgueillir de ses succès passagers, il est nécessaire d'œuvrer toujours avec vertu, courage et humilité, se vaincre soi-même pour triompher de tout.

Moi qui viens de tout quitter et crains mon appétence pour les substances illicites, le taoïsme à la sauce italienne m'apparaît comme une planche de salut.

Lorsque je n'ai pas convenablement appris ma leçon, il me punit selon un code très précis. Cela va du jeûne pour une soirée à la douche glacée, pour réveiller mon corps et mettre mon esprit en alerte. « L'élévation spirituelle et la connaissance demandent des sacrifices, penses-tu qu'il soit si facile que cela qu'elles t'ouvrent leur porte ? » Moi qui croyais jusque-là que l'existence consistait à vivre et se laisser vivre, quelle cruche j'étais. Il a raison, rien de grand ne s'accomplit sans abnégation. Je veux être quelqu'un de bien, je tiendrai bon. Mes amis ont une mauvaise influence sur moi. N'était-ce pas auprès d'eux que je me livrais à la drogue ? Mieux vaut couper tout contact, pour n'être pas tentée de retourner en arrière. C'est pour mon bien, et je suis libre de refuser si je ne le veux pas. Je pourrai m'en faire de nouveaux, quand je serai assez forte pour reconnaître ceux qui veulent réellement mon bien. Yvette et André ne m'aiment pas vraiment, autrement ils ne m'auraient pas jugée pour ce que je suis. « Aimer c'est nourrir l'autre corps et âme, l'aider à s'élever, quitte à être dur parfois. Ce n'est pas l'aimer pour soi-même et le plaisir qu'il nous procure. » Tout ce que dit *Sensei* est tellement vrai. « Mais on va quand même faire l'amour. » Il est si fier de moi que je n'ai pas envie de l'échauder.

Il formule les mots qui m'ont tant manqué, il occupe une place vide qui n'attendait que lui. Cela dépasse le sentiment amoureux. Je ne suis pas en couple avec lui, c'est trop banal, d'ailleurs je ne sais pas si je l'aime de cette manière-là. C'est bien autre chose que cela, c'est mon référent, mon tout, comme il s'amuse à le dire. Mes notes en classe s'améliorent drastiquement, je parle désormais italien, et discours sur les trois critiques de Kant devant des types à mèche et particule sans avoir honte de là d'où je viens.

« Tu comptes mettre cela ?
— Elle n'est pas bien cette robe ?

— Ce n'est pas à moi de te le dire.
— Qu'est-ce qu'elle a ?
— Si tu ne le vois pas, c'est que tu es encore prisonnière des schémas qui emprisonnent la femme.
— Mais elle est toute neuve.
— Tu t'abaisses à sexualiser ton corps en t'habillant pour plaire aux regards des autres. Tu es dépendante de la perception des hommes. Cela n'est pas digne de toi. »

La déception dans son regard est la pire chose sur terre. C'est pour lui plaire que je l'ai achetée. Et quel mal y a-t-il à être regardée, à susciter du désir plutôt que de la pitié ?

« Les vêtements ne sont que superficialité, ils couvrent ton enveloppe charnelle, ne les laisse pas obscurcir ton esprit.

— Je l'ai eue en soldes... »

Son bras se lève, puis s'abat. C'est parti tout seul, comme les plombs d'une carabine. La première claque, on n'y est pas préparée, on ne la sent pas. Elle tombe la première fois où l'autre devine qu'il ne nous possède pas, qu'on a gardé un quant-à-soi. Elle vient juste après la colère et avant les excuses. La première claque, elle frappe le visage mais pas encore la conscience. Si l'autre s'y prend bien, il peut même la faire passer pour un geste d'amour, le signe de la passion. « Je t'aime tellement, tu es tout pour moi, l'idée que l'on puisse essayer de te faire du mal me fait perdre pied. » Il y a toujours une bonne raison, on l'écoute, on se met à la soupeser. « Pardonne-moi, je ne suis rien sans toi » ; on est attendri même. Puis viennent les larmes. Les meilleures pleureuses professionnelles de Calabre ne feraient pas mieux. À genoux, au sol, il m'agrippe les mollets et pleure de tout son saoul contre l'étoffe neuve de ma robe. « Cela n'arrivera plus, je te le promets » ; on est secouée, mais à l'intérieur de soi on commence déjà à oublier que la main qui caresse peut aussi frapper.

« Nous devons apprendre à nous passer de la technologie que nous apporte la civilisation moderne, elle esclavagise l'homme au lieu de le libérer. » *Sensei* nous a organisé un stage de survie en montagne dans les Pyrénées, non loin de Lourdes, sans portables ni lampes électrique, avec pour seuls outils une gourde de secours, quelques fruits secs et un couteau suisse. L'odeur des fougères sous le soleil de mai me donne la sensation d'avoir trouvé un Éden, d'expérimenter un mode de vie plus essentiel. J'ai l'impression de vivre en dehors des règles de la société, d'en créer de nouvelles, de repousser les limites. Comment ai-je pu douter de lui ? On ne peut aimer les belles choses que sont la montagne et la philosophie, prêcher le taoïsme et l'équilibre des instincts, tout en étant violent. Et puis je ne suis pas Léna, moi je n'attire pas les hommes brutaux.

Mais à 17 heures l'orage gronde, je commence à voir les choses sous un jour nouveau. Pourquoi faut-il toujours que je finisse dans une bergerie ? Il fait à peine plus de cinq degrés la nuit, les moutons nous tiennent chaud, mais ne cessent de bêler. Impossible de les débrancher.

Ce n'est pas de la technologie, mais c'est tout aussi aliénant. L'un d'eux me fixe et me met très mal à l'aise. Je préfère dormir tout habillée.

Ma cheville enfle à cause de l'effort ou de l'altitude peut-être, je me retiens de me lever toute la nuit. Je me réveille au petit jour, transie de froid, de la paille collée sur ma joue, *Sensei* a disparu. Je le cherche des heures durant, descends à la rivière faire ma toilette, rien, si ce n'est de l'eau glacée provenant de la fonte des neiges. Il ne m'a tout de même pas laissée là ? Les crêtes dentelées des montagnes me semblent des canines blanches prêtes à me dévorer. Les idéaux, c'est bien beau, mais j'ai mal, j'ai froid et j'ai faim. Et ce matin, j'ai dix-huit ans. Je m'imaginais fêter ma majorité avec des amis. Peut-être Yvette et André auraient-ils acheté un gâteau. J'entends comme un bruit, un cri au loin. Je rassemble en hâte mes affaires et me dirige vers la voix. Dans une clairière, une couverture, des sets de table faits de feuillages, au milieu la souche d'un arbre coupé servant de table, des petites branches en guise de baguettes. Un peu de riz, des figues et des raisins secs, un morceau de pain, une bougie éteinte plantée dans la mie. Il semble penaud. Il n'a pas réussi à faire du feu, et comme il a interdit allumettes et briquet… On ne s'improvise pas homme des cavernes. Je fais mine de souffler sur la bougie torsadée blanche et rose au liseré doré, j'ai atteint l'âge tant espéré, celui qui me donne tous les droits. C'est drôle, je ne me sens guère différente pourtant. J'avais toujours songé que je deviendrais adulte d'un seul coup, comme touchée par la foudre, que quelque chose en moi se produirait, un changement. Je serais sage, je prendrais les bonnes décisions, je n'appartiendrais plus à personne, j'aurais un emploi et un appartement. Il sort de son sac à dos une enveloppe. Un billet d'avion. Il souhaite que je vienne m'installer avec lui en Italie. Je pourrais m'inscrire à la faculté, je serais loin de mon passé.

Un homme de plus de trente ans dont au final je ne sais rien me propose de vivre à l'étranger, dans une clairière abandonnée, face à du riz froid et un morceau de pain. Cela devrait sans doute m'inquiéter, mais j'ai dix-huit ans, cela me semble la meilleure des idées.

Du lithium. Comme dans les piles, mais dans la poubelle de sa salle de bains. Deux boîtes pleines. Il n'en a plus besoin, m'explique-t-il, les psychiatres n'y connaissent rien et font des génies des aliénés. Quand on vit avec un maniaco-dépressif qui arrête son traitement, chaque jour devient une pochette-surprise, on ne sait jamais sur quoi on va tomber. Un matin, je le cherche dans l'appartement, puis, depuis la terrasse de notre premier étage sur une des collines de Rome, j'entends un raffut de tous les diables dans le petit bosquet qui sert de jardin public. Il coupe du bois pour l'hiver. Une dizaine d'arbustes gisent à ses pieds. Nous n'avons pas de cheminée, et nous sommes au mois de septembre mon chéri, il est à peine 7 heures, on est samedi, viens te recoucher. Comment s'est-il procuré une hache ? Il me suit avec assez de stères pour remplir toute l'entrée, le couloir et une partie du salon. Un autre jour, nos volets roulants en bois que l'on active avec une vieille manivelle restent fermés alors que, dans les cyprès sous nos fenêtres, les cigales appellent encore l'été. C'est que le monde ne reconnaît pas son talent, il n'est qu'éternel recommencement, violence et consommation. Les hommes détruisent plus qu'ils n'aiment. Il souffre, non il ne veut pas déjeuner, il doit se purifier et écouter des requiems vissé à son lit.

Une lune plus tard, il sort de son terrier ragaillardi. Il m'entraîne à vélo à travers la vieille ville pour me montrer toutes ses beautés. *Roma* est l'anagramme d'*Amor*, et quel bel endroit ce serait en effet pour s'aimer, s'embrasser entre deux statues du Bernin et se promettre des choses insensées devant un Caravage croisé au détour d'une église, si l'on ne devait pas rouler à fond de train à bicyclette sur les pavés pour suivre un professeur de kung-fu déjanté ! J'ai le guidon qui tremble, le panier qui perd ses tomates sur la place Saint-Pierre et les courgettes qui se font la malle avant le château Saint-Ange, tandis qu'un type déguisé en centurion prend un café en terrasse.

Au moins ses crises ne le rendent pas agressif, c'est déjà cela. Au pire va-t-il déforester toute la région du *Latium*, et j'aurai des mollets de coureuse cycliste.

Je suis réveillée en sursaut peu avant l'aube, je me sens regardée. Je le trouve assis, dans le noir, les yeux rivés sur moi.

« Il faut que ça s'arrête, me dit-il sans bouger les lèvres, en mode ventriloque.

— Quoi ? » Je m'assois et rassemble mes esprits.

« Arrête *uccellino*, tu sais très bien.

— Il faut que j'arrête de dormir ?

— C'est ce que tu veux me faire croire, mais je sais tout. »

Sa main passe sur le bureau et en balaie le contenu au sol. Il se lève, ouvre les tiroirs et les renverse. Toute la chambre y passe, les lampes et les cadres ! Puis il décapite un feutre et écrit sur le mur en face du lit : « Je te vois. »

Je me demande si, au lieu d'être psychologue, il n'est pas un peu psychopathe. Je comprends mieux désormais pourquoi la *mamma*, lorsqu'il me l'a présentée, m'a regardée, son plat de pesto à la main, avec un air étrange puis s'est signée sous le portrait de Pie XII.

Qu'ai-je fait, je cherche dans tous les recoins de ma mémoire, peut-être que je rêve encore. L'amour à l'italienne, cela ne rend pas pareil dans les films avec Sophia Loren. Je m'attendais à quelques assiettes cassées et des portes claquées, mais là c'est un peu exagéré. La tornade s'enferme dans le bureau. Je n'entends plus aucun bruit et j'en profite pour me réfugier au forum romain, près du Colisée. Non loin de là, sous le portique de l'église Santa Maria in Cosmedin, je retrouve une sculpture en forme de tête d'homme hirsute qui ouvre grand la bouche pour que les plus téméraires y mettent leur main. On l'appelle la « bouche de la vérité » : elle mord la main des femmes de petite vertu ayant menti à leurs maris. Le geste me provoque chaque fois un frisson inédit, je crains de rester estropiée. Puis je me dirige vers la colline de l'Aventin et son jardin suspendu. Des ruines à perte de vue, une colonne brisée, et autour, de petits orangers. D'ici on n'entend plus les voitures s'insulter, on pourrait presque toucher le Colisée. Il y a quelque chose de rassurant à vivre dans une ville que l'on dit éternelle, à s'asseoir sur une pierre taillée il y a de cela plusieurs milliers d'années. Quoi qu'il puisse m'arriver, le Colisée en a vu d'autres et il est toujours là.

À mon retour à l'appartement, la colère est passée, je suis la huitième merveille du monde. « Tu vois ce que tu me fais faire, ce que je ne ferais pas pour toi », dit-il en m'entraînant, riant, dans une valse puis une samba. Je n'ai pas envie de danser. J'ai de surcroît oublié le linge dans une laverie automatique. On en trouve quelques-unes, quoique la plupart des Romains aillent chez leur mère laver leurs petites affaires. J'ai tout laissé derrière moi en allant au Colisée, les draps, les sous-vêtements. Il est tard, cela doit être fermé, j'irai demain. Je passerai également à la faculté pour trouver un autre logement. Rester ici, à côté de lui, est impensable, je suis comme un animal traqué, à l'affût de sa respiration. Rentrer à Paris n'est pas envisageable, je perdrais mon année scolaire. Je ne peux aller chez Yvette qui n'a qu'une hâte, me dire qu'elle me l'avait bien dit, que je l'ai cherché et n'ai que ce que je mérite. J'ai envie de l'appeler, j'ai besoin d'entendre sa voix. Mais impossible de mettre la main sur mon téléphone portable, et le fil de celui de la maison a été arraché.

Je rêve de la fontaine de Trevi, j'entends son eau couler, mais elle me fait mal. La tornade s'est réveillée, l'Italien est en train de me traîner hors du lit par les cheveux. « Tu as oublié le linge ! Si tu n'es pas attentive et concentrée, tu laisses le monde gagner ! Tu ne nous protèges pas, je ne peux pas compter sur toi ! » Mes genoux se cognent au carrelage de la salle de bains. « C'est pour ton bien, *uccellino* », me dit-il tandis qu'il m'approche de la baignoire pleine d'eau froide, m'enfonce la tête dedans et la retient. Je me débats, mais il est derrière moi, hors d'atteinte, et m'immerge plus profondément, jusqu'aux seins, dans l'eau glacée. Je fais une brasse inutile pour me libérer. « Tu comprends que c'est pour ton bien ? Répète après moi : "Je dois être attentive et concentrée, je ne dois rien oublier !" » hurle-t-il en me sortant des eaux, avant de m'y tremper à nouveau.

Soudain, me voilà en train de courir après une bouteille de bière sur une plage déserte. Léna se fait bronzer sur le sable, son maillot de bain scintille. Je vais ouvrir les yeux et tout sera fini. Elle viendra me chercher, on ira goûter. Je l'appellerai maman, je serai sage, je le promets. Il me repêche à nouveau, je me suis cogné l'arcade, le sang teinte l'eau. Je suis bonne pour un nouveau plongeon, pourvu que je n'attire pas les requins.

Lorsque la mer est démontée, que l'on est pris dans une vague, il ne faut pas résister ni aller contre le courant. Il faut descendre plus en bas, atteindre le fond, plaquer son corps au sable, y plonger les doigts, resserrer les poings et s'y agripper, laisser la vague déferler et écumer au-dessus de soi.

La punition est terminée, il me relâche. Ma chemise de nuit collée à mon corps tremblant, je cherche à courir vers le salon. Ouvrir la fenêtre, appeler quelqu'un. Mais ma cheville ressemble à présent à un de ces boulets que se traînent les bagnards dans les livres d'enfant, je ne suis pas assez rapide, je ruisselle sur le parquet. Le chasseur a tôt fait de me rattraper au collet. Alors, petite cigale, on aime danser ? Je vais te faire danser.

Le premier coup tombe, comme une masse, par la droite. Cela fait un bruit sourd à l'intérieur, c'est si rapide que je n'ai même pas le temps d'avoir peur. Ma mâchoire craque, mon oreille se met à siffler comme une locomotive. Il attrape ce qui reste de ma chemise, c'est commode pour me tenir tandis qu'il fait pleuvoir ses poings, me projette contre le mur puis au sol, où je suis plus facilement accessible à ses pieds. Je pourrais enfoncer mes doigts dans le sable, demeurer au sol, attendre que la vague passe. Mais pourrai-je encore me tenir debout si je le fais ? Si je ne me relève pas maintenant, ce moment sera celui où je suis tombée.

Parfois il faut être mauvais nageur, résister au courant, de toutes ses forces, défier une mer démontée qui veut nous avaler, même si l'on n'a aucune chance de gagner. Pour soi, pour ne pas accepter, pour être debout, dressé, à l'intérieur. Je n'entends plus qu'un bourdonnement.

« Non.

— Qu'est-ce que tu as dit ?

— Non. Non, ce n'est pas pour mon bien ! Je t'interdis d'appeler cela de l'amour. Toute ta philosophie, ta religion et tes connaissances, cela ne sert à rien si elles t'amènent à cela. » Il change de couleur et semble possédé, mais cela ne m'arrête pas : « Tu peux me tuer ce soir si tu veux, mais jusqu'au bout je te regarderai et je te dirai que cela n'est pas de l'amour, je ne te laisserai pas faire. »

Il tourne les talons et se dirige vers la porte d'entrée. Peut-être ai-je réussi à le raisonner ? Erreur de débutante, on ne remet pas droit un train qui déraille. Deux tours dans la serrure, il enlève la clé de la porte. La vague d'alors n'était qu'une simple ondée, annonciatrice d'un raz de marée.

Ouvrant les yeux quelques heures plus tard, j'ai droit à une belle surprise. Il a coupé toutes les manivelles des volets qu'il a baissés, fermé toutes les grilles aux fenêtres, pris toutes les clés. Au milieu du salon une sorte de monticule d'affaires, les miennes. Une odeur de produit ménager se répand dans la pièce. Il sort un briquet, met le feu à un journal et s'en sert de torche. De petites flammes gourmandes commencent à lécher les albums photos plastifiés de mon enfance, puis les collants, les cols roulés. Une bombe de laque bondit jusqu'au plafond dans une flamme bleue, c'est les feux de la Saint-Jean et du

14 Juillet ! Je regarde roussir tout ce que je possède. Il ne sait pas que j'ai déjà tout perdu, ailleurs, avant.

L'espace et le temps ne sont pour Kant que des formes a priori de notre perception. Ils n'ont pas de réalité objective. Nous percevons le monde grâce à eux, mais le monde, lui, ne les éprouve pas. C'est drôle que le philosophe qui m'a donné le plus de fil à retordre à mon arrivée en hypokhâgne m'aide à tenir à présent. Ni les heures ni les jours ne comptent ; le temps n'existe pas, il me faut juste attendre. Qu'il s'endorme, puis quand une phase dépressive arrivera, je tenterai ma chance. Il s'allonge enfin, éteint la lumière et sombre dans un sommeil où même sa folie ne le retrouve pas. Les clés sont près de lui, au moindre bruit il se réveillera. Je débranche la lampe de chevet et me demande longuement où viser. Je n'ai droit qu'à un seul essai. Le genou, impossible à louper. Je saisis la raquette de tennis sous le lit et empoigne le manche à deux mains. Dans le noir, penchée au-dessus de lui, je positionne la tranche face à sa jambe, service de volée ! Jeu, set et match, je cours tandis qu'il se tord de douleur en jurant, enjambe le lit, traverse le salon, Dieu qu'ils sont grands les appartements italiens, à Paris j'aurais déjà été sur le palier ! J'atteins l'entrée, je l'entends se lever, pieds nus le trousseau à la main j'affronte la serrure, un grincement, la porte s'ouvre, je dévale les escaliers, je sens son ombre arriver, une fois dehors je serai sauvée, il ne pourra plus rien sur moi. La porte vitrée de l'immeuble s'approche, derrière, les hauts cyprès, l'air est frais ! Je pousse un cri, à toutes les fenêtres des immeubles les lumières s'allument comme des lucioles, j'ai réussi !

Je suis en ruines. Mais ne vient-on pas du monde entier et depuis des siècles admirer les ruines de Rome ? Parce qu'elles ont décidé de ne pas se laisser noircir par les avanies des temps, de se dresser avec grâce, même couchées au sol ou en morceaux. Je ne suis pas éternelle, mais ce en quoi je crois l'est : c'est l'amour.

Kingston – Le Caire

Depuis mon retour d'Italie, manger est devenu ma principale activité. Lorsque l'homme, craignant la famine, se tuait au labeur, il était en proie à de métaphysiques terreurs autant qu'à d'innommables douleurs. Il implorait Dieu de le soulager. Puis il y eut le sucre et le gras. Plus besoin de transcendance, il avait désormais sur terre un allié. Au commencement étaient les glucides et le gras saturé, par eux tout a été, sans eux rien ne serait. En tout cas, moi, cela me soulage.

J'ai trouvé un studio dans le quartier des étudiants et me suis inscrite à la Sorbonne. Chaque matin c'est la même litanie : aujourd'hui je me prends en main, j'irai en cours puis à la bibliothèque, je me nourrirai d'une salade puis rentrerai étudier.

La nuit, les immeubles anciens de Paris font des bruits inquiétants. L'escalier craque, il m'a retrouvée ! Le voisin rentre tard, sa porte claque, mon Dieu c'est lui ! J'ai vu quelque chose par la fenêtre, comment a-t-il fait ! J'habite au sixième étage, c'est une chose impossible, je le sais. Mais peut-être est-il passé par le toit. Il a pris une corde dont il s'est enroulé la taille et descend en rappel jusqu'à ma fenêtre. Il vaudrait mieux fermer les volets. Seulement voilà, depuis mes vacances romaines, je ne supporte plus le noir. Lors de la visite de mon palace miniature, devant lequel j'avais campé pour être sûre d'arriver la première à la journée de visites groupées, l'agent immobilier avait dégainé fièrement les volets roulants. Il retrousse ses manches et les fait descendre d'un coup de manivelle. Plus les lattes de bois parfaitement opaques et horizontales descendent, plus un sentiment de chaleur, puis de froid me traverse le corps, le sang me monte à la tête. J'ai l'impression d'étouffer, que l'on m'enterre vivante, je lui serre le bras jusqu'à le garrotter. Jamais la démonstration d'un rideau roulant n'avait fait autant d'effet sur une femme, l'agent débutant, pris d'audace et de hardiesse, ouvre la porte et s'adresse au couloir rempli de jeunes gens : « C'est loué, désolé. » À peine terminé mon emménagement, j'avais attaqué au tournevis dans le faux plafond le mécanisme du maudit rideau, puis rappelé l'agent, qui s'était chargé de le faire porter en réparations. Cela prendrait, hélas, plusieurs semaines, s'était-il excusé. J'étais aux anges. Même ouvert, je ne supporte pas de le voir devant moi, sur l'unique fenêtre, susceptible de se refermer sur moi à l'envi.

J'appelle Yvette, il est 2 heures du matin : « Enfin, tu vas réveiller André ! Mais non il n'est pas là, tu dois te raisonner. Mais oui ça va aller, allez rendors-toi. » Évidemment qu'il n'est pas là, en rappel depuis le toit, ce n'est pas un Ninja. Je suis gourde, mais gourde ! Et s'il était passé par en bas ? Il a pu louer l'appartement du dessous et escalader depuis la fenêtre ; le rebord est assez épais pour qu'un homme puisse tenir dessus, je sais, je l'ai mesuré. Quelque chose respire. Je vois une forme bouger, c'est sans doute sa tête qui arrive à se hisser ! Histoire de me rassurer, je vais jeter un rapide coup d'œil à cette fenêtre. Après je serai plus tranquille. Je m'approche sans allumer la lumière de mon appartement, au cas où il me verrait. Cela ne respire pas, mais roucoule. Un pigeon ! Aussi surpris que moi, le volatile s'envole en titubant, je retourne dans mon lit et me réveille quatre autres fois dans la nuit en pleurant.

Au matin, naturellement, mon idée sur la journée qui s'annonce est plus que timorée. J'ai la sensation d'avoir vaincu la nuit, de pouvoir enfin me reposer, là où il faudrait que je me lève pour jouer mon rôle d'étudiante. Je n'ai qu'à me faire porter pâle, ma jambe est trop douloureuse, je ne peux pas marcher, c'est un pieux mensonge. Je travaillerai mieux au calme, chez moi, sans personne pour me déconcentrer ! Il n'y a qu'à les voir s'enfiler des cafés à longueur de journée en fumant des roulées, je ne manque rien ! Mais avant d'ouvrir mes livres, j'ouvre un paquet de gâteau.

Comment ai-je pu ne pas aimer manger durant dix-neuf ans ! Dire que j'ai failli passer à côté de cela ! Les petites douceurs sucrées pour gros coup de mou, des brownies au chocolat pour la perte d'estime de soi et un paquet de chips que voilà pour se requinquer ! On ne s'ennuie jamais, il y en a pour tous les goûts. Des miettes dans les draps ? Pas de problème, j'irai à la laverie ! Et je les oublierai si je veux, c'est ma tournée ! Aujourd'hui ça ne va pas, je vais acheter du soda pour aller avec, c'est ce qui me manquait ! J'ai trouvé d'occasion des coffrets de cassettes de séries télévisées. Des comédies américaines, où des amis – toujours bien coiffés – se retrouvent, se soutiennent et découvrent la vie en toute sécurité sur un plateau en carton-pâte. Ils ont beaucoup de peines de cœur, je compatis avec eux et redescends chez l'épicier acheter de quoi noyer leur chagrin dans la glace à la crème.

Je ne peux pas y aller attifée ainsi, on pourrait me voir. Comment faire autrement, je n'ai pas la force de m'habiller. L'idée de me laver, de prendre soin de moi me donne envie de pleurer. Tous les matins je me fais violence, pose une serviette sur le miroir de la salle de bains pour ne pas voir mon reflet, enlève mon pyjama, m'approche de la baignoire, fais couler l'eau. Mais au moment d'en sentir la température, je me mets à trembler. Je n'arrive plus à respirer, le sol veut m'avaler, il devient sable mouvant. Alors je retourne au lit, hop, une cuillerée de pâte à tartiner. On peut tout guérir avec du chocolat. Mieux vaut aller en racheter pour ne surtout pas en manquer. La première fois que l'on accepte de descendre faire des courses en jogging, les cheveux sales, les chaussettes dépareillées, on passe un cap au niveau de l'image de soi.

Je me doute bien que quelque chose ne tourne pas rond, mais pourquoi je n'aurais pas le droit d'être en triangle, en carré, en losange si je le veux ? Quoi, ai-je encore des miettes sur moi ? Pourquoi me dévisage-t-on comme cela ? Dès que je suis hors de chez moi, je me sens observée. Peut-être savent-ils ce qu'il m'est arrivé, c'est écrit sur mon front. J'ai l'impression qu'un M. Loyal échappé d'un cirque, avec une veste rouge et un haut-de-forme, me précède de deux pas et annonce aux passants dans un mégaphone : « Oubliez la femme à barbe, l'acrobate sans filet, voici la femme battue, la gourgandine qui est allée à Rome pour se faire mettre une raclée, la seule qui n'a pas vu ce que tout le monde voyait à quinze pas, que son amant était un dérangé ! Venez vous en payer une bonne tranche en regardant où elle en est ! Spectacle pour petits et grands, réduction pour les familles ! » Alors je rentre vite chez moi, j'allume le magnétoscope et enfourne des lasagnes surgelées.

Je mange jusqu'à avoir la nausée. Mon intérieur, plein jusqu'à la gueule, n'a plus envie de crier, alors je peux somnoler. Mais au bout de quelques heures, il faut recommencer, c'est un puits sans fond. Après la satiété vient le dégoût, de soi surtout. Que m'arrive-t-il, enfin ? Pourquoi est-ce que je perds ainsi le contrôle de moi-même ? Je ne peux m'empêcher d'agir ainsi. Cela m'amuse-t-il de me faire du mal ? Je ne le veux pas, mais c'est plus fort que moi, un mécanisme est en marche, et je ne trouve pas le bouton d'arrêt. Ce que je m'inflige chaque jour est plus difficile encore à supporter que ce que lui m'a fait. J'ai refusé d'être une victime, pourquoi à présent être mon propre bourreau ? Et à qui en parler ; j'ai bien trop honte, personne ne m'oblige à manger. Comment expliquer aux amis rencontrés à la faculté ce qui m'est arrivé, eux qui sont pleins d'espoirs et d'insouciance. Yvette avait raison, je l'ai bien cherché, les chiens ne font pas des chats, peut-être que je suis comme Léna, une moins que rien.

L'année scolaire touche à sa fin, mes pantalons aussi. À ce régime-là, j'ai pris dix kilos en quelques mois. L'été s'annonce, j'entends profiter de la belle saison pour m'alléger avant de fêter mes vingt ans. Parfois je réussis à marcher jusqu'à la Sorbonne en comptant les pas qui me séparent de l'appartement. Je m'assois dans l'amphithéâtre, premier rang, près de l'entrée, tout au bout du banc. Le cours durant, je regarde la petite lumière verte indiquant l'issue de secours. J'ai besoin de savoir que je peux m'échapper. À peine entré-je dans un bâtiment, un train ou un lieu clos, que je balise mentalement les lieux et établis plusieurs plans d'évasion. Autant dire que je ne retiens pas grand-chose de la leçon à laquelle j'assiste.

Un doctorant, lui, m'a remarquée, intrigué par ce qu'il pense être une grande timidité. Il a décidé de partir deux semaines en Jamaïque, l'ami qui devait voyager avec lui vient de le lâcher, cela serait vraiment dommage d'annuler, les billets sont déjà payés. Peut-être que le dépaysement me ferait du bien ! Vérifications prises, il y a bien deux chambres de réservées, en tout bien tout honneur. Si je parviens à accepter d'aller acheter un maillot de bain en taille 42 pour la première fois de ma vie, à moi les Caraïbes !

C'est parti pour quatorze heures de voyage, les portes se ferment. Je suis bloquée. Dans une boîte en métal. Avec trois cents personnes qui pourraient me faire du mal. Sur un des sièges de la rangée de devant, un passager avec des cheveux châtains et des lunettes, le sourcil relevé. Et s'il était là, s'il m'avait suivie, pour m'empêcher de refaire ma vie ? Soudain, des têtes anonymes prennent son visage, quel cauchemar ! Le steward et son air pincé, lui ! L'hôtesse et son chariot, lui, mais avec un chignon ! Il faut que je sorte, que je tire la petite poignée rouge pour ouvrir la porte de secours ! Le doctorant sourit derrière sa ceinture de sécurité, il est déjà en short. Un trou d'air le fait sursauter, il renverse son jus de tomate sur son jersey blanc. Je me retourne et pousse un cri aigu, du sang ! L'hôtesse me demande de me calmer, nous sommes au-dessus de la mer, je n'ai rien d'autre à faire. Les plateaux-repas sont une potion magique qui fait dormir toute la cabine sitôt ingurgités, moi je compte les minutes comme si chacune était ma dernière.

Lagon bleu, mangues géantes et palmiers, cela ressemble en effet au paradis rien que depuis la navette de l'hôtel. Hélas, on m'informe à la réception qu'une unique chambre est prévue, et que l'établissement est complet. Après une trempette seuls au monde en plein coucher de soleil façon carte postale puis un dîner d'une langouste à la taille exubérante, ça y est, mon doctorant n'a plus le goût d'étudier, il pense être amoureux. Et comme je n'ai pas l'air intéressée, je deviens carrément la femme de sa vie.

Épuisée du voyage, je préfère me coucher et le laisse discourir sur notre éventuel mariage. Dès qu'il sera agrégé, nous pourrions avoir des bébés. Il est joli garçon et de bon caractère, mais comment lui expliquer qu'il n'y a rien à faire, la boutique est fermée pour cause d'inventaire ? Il dit qu'il comprend, il n'est pas pressé, nous irons doucement.

Deux heures du matin, cela ne loupe pas. Il allume la lumière comme un éclair. Je suis en train de hurler : « Au secours, au secours, lâche-moi ! » Je lui laboure les cuisses avec mes pieds, jusqu'à le mettre par terre. Il n'a évidemment pas tenté de me toucher, il dormait comme un bébé, mais la simple idée qu'un homme pose ses mains sur moi me provoque des sueurs froides. Je colle mon malaise sur le dos du décalage horaire et il finit par se recoucher sur l'autre côté.

À peine le soleil levé, il est sur le pied de guerre. Le doctorant a envie de se faire explorateur. Direction Alligator Hole, un marais où vit en liberté une colonie de lamantins, a-t-il lu dans le Petit Futé. Après une heure de conduite dans une voiture de location, nous arrivons sur une sorte de parking abandonné au goudron affaissé.

Deux pauvres barques à la peinture craquelée et au bois mangé, une rame coupée en deux à partager, un Jamaïcain amorphe mais au sourire divin, avec à la bouche un joint de la taille de ma main, sous un écriteau « Jamaica No Problem ». Le fumeur béat nous propose une excursion à la découverte du marais. Cela semble tout de même dangereux, je m'inquiète. Il lève le doigt vers le panneau tel l'Adam de Michel-Ange et répète le slogan « Jamaica No Problem ». Si l'endroit s'appelle le « trou aux alligators », il doit pourtant y avoir une raison !

Nous embarquons à travers les hautes tiges et naviguons au ralenti, tandis que les lamantins viennent se frotter le dos à notre rafiot. L'eau est claire, on les voit si bien. Celui qui arrive me semble un peu véloce pour un gros herbivore ! Un crocodile ! Non, ce n'est pas un crocodile, c'est une famille tout entière ! Ils décrivent un cercle autour de la barque, le Jamaïcain, guère plus réveillé, leur tape sur la tête avec la pagaie. Cela explique pourquoi il n'en reste que la moitié ! « Ils ne sont pas méchants, ils cherchent juste de la nourriture », nous rassure-t-il. C'est justement ce qui m'inquiète !

Passablement rafraîchis par cette découverte de la faune locale, nous bivouaquons pour la nuit dans une réserve où se trouvent les chutes les plus hautes de l'île. La voiture garée, nous suivons un guide, pieds nus et armé d'une machette, trente minutes durant, passant de la forêt complète à un pont suspendu constitué de lianes et de bambous. Plus nous avançons, plus je me rends compte qu'il est impossible de jouer les Petits Poucets : quoi que je sème, ce sera recouvert par de la végétation en moins d'une heure. Les plantes, les insectes, tout ici profite de la moiteur.

Au bout d'une heure de marche, nous voilà face à une cabane sur pilotis surplombant une rivière. Pas de porte ni d'électricité, un seul lit, des araignées presque aussi grosses que des lamantins. Le guide nous abandonne là et reviendra nous chercher le lendemain matin. La nuit tombe, je suis seule avec mon doctorant.

Au-dessus du feu où nous faisons griller les brochettes de poulet que nous avons achetées, j'ai l'impression de voir son visage danser, se tordre et prendre des airs machiavéliques. Les flammes rougissent ses traits, pourtant si doux, avec un léger duvet. Je préférais encore les crocodiles ! Je ne peux pas m'échapper, je suis prise au piège ! Enfermée en pleine nature, entourée d'arbres fruitiers prêts à nourrir ceux qui sont affamés, sous un ciel étoilé d'une pureté que l'on ne connaît qu'en rêve, je suis au bagne, je vis un cauchemar. Il me faut retrouver la civilisation. La sensation que j'avais à Rome lorsque, sur les ruines du forum, la pierre délavée chauffée par les rayons du soleil de septembre me rassasiait. La Grèce, voilà le pays pour panser mes plaies !

Plantés là le doctorant et ses projets de mariage. Quatre avions et deux bateaux plus tard, je suis à nouveau sur une île, l'insularité m'a rattrapée. Au milieu des Cyclades, en plein été, Milos semble une perle laissée intacte au sein de son écrin, que chacun vient admirer sans oser s'en emparer. Partout du laurier-rose et des oliviers, de la vigne et des criques. Je négocie avec un pêcheur la location d'une cabine sur son bateau, avec en prime la possibilité de rester sur le pont lorsqu'il part relever ses filets. La mer Égée file en dessous de nous comme si nous la survolions ; la côte, à la terre séchée avec ses toits blancs arrondis, se dévoile à chaque nœud.
Le soir venu, tandis que d'autres compagnons d'université doivent encore être chez eux à réviser Sophocle, je récite *Œdipe roi* au beau milieu du théâtre antique puisque personne n'est là pour m'écouter. Je ne suis visiblement pas la première à avoir un problème avec ma mère. Si c'est pour finir par se crever les yeux, alors tant mieux si je n'en ai pas, c'est au moins un mal qui ne tombera pas sur moi !
Tout le monde semble heureux de profiter de l'été hellène ; le cadre est plus que parfait, pourtant je n'arrive

pas à sourire. Être malheureux comme les pierres au milieu du paradis, c'est une des pires sensations qui soient. Je ne me sens bien que sur le pont, en mouvement, sans aucun toit au-dessus de ma tête. Impossible de retourner à mon ancienne vie, j'y mourrais.

Dans l'avion du retour, l'homme assis à ma droite est un producteur de films documentaires. Il a besoin d'un assistant sur un tournage au Caire. Une civilisation première, la douceur de l'Égypte, l'espoir que la distance finira d'épuiser mon angoisse.

Sur mon dromadaire, au pied des pyramides, hélas, je ne vais guère mieux. Les hommes du désert au visage voilé me terrifient. Sous chaque bout de tissu, cela pourrait être lui. Je descends avec eux jusqu'au Soudan, je ne veux pas renoncer, persuadée qu'un Graal se trouve au bout du Nil. Nous arrivons au petit jour sur le site de Méroé, la civilisation perdue du royaume du Soudan où régnait une femme puissante, la Candace, reine farouche et borgne qui avait défié César. Des pyramides ne dépassent que les pointes, recouvertes en partie d'un sable vierge de toute trace, sur lequel le vent dessine comme des ondées. Nulle part ailleurs n'existe un tel calme. Mais je ne peux apprécier l'instant, je ne suis pas là. Je suis en cavale, et c'est moi que je fuis.

« C'est un syndrome de stress post-traumatique. Cela s'accompagne chez vous de dépression réactionnelle.
— Dépressive, moi ? Mais je ne fais que manger, les dépressifs, cela n'a plus d'appétit !
— Dans ce cas précis, cela s'appelle de la boulimie.
— Rien que cela ? Tant que vous y êtes, mettez-moi une autre pathologie, pour faire un prix de gros ? »

La douleur est devenue trop forte à supporter, je suis allée consulter, comme l'on dit. Je vois quelqu'un. Je l'ai choisi dans l'annuaire, parce que son nom m'amusait : « docteur Nicolas Pâquerette, psychothérapeute certifié ». Un type qui porte le nom d'une fleur que l'on dépiche pour savoir si quelqu'un vous aime un peu, passionnément, à la folie ou pas du tout ne peut pas vous faire de mal, même s'il vous triture le cerveau. J'ai pris rendez-vous par téléphone ; un accent du Sud-Est m'a répondu en détachant chaque syllabe. Je me suis réjouie, quitte à ce que ce soit grave, autant qu'on me l'annonce avec une voix qui chante.
Je ne me suis pas trompée. Bonhomme, il n'a à mon avis plus l'âge d'exercer depuis quelques années déjà, mais

c'est ce qu'il me faut. « Avec ce que vous avez subi, c'est normal d'être dépressive. » Je n'entends pas un diagnostic, j'écoute les cigales. Pour un peu, il me servirait une anisette avec la boîte de mouchoirs. Avec son visage fendillé, quoi que je puisse lui raconter d'horrible, il a sans doute déjà entendu pire.

J'attends nos deux séances hebdomadaires comme les seuls moments où mon petit sous-marin va enfin sortir la tête de l'eau pour respirer. Nous sommes l'un en face de l'autre, pas de divan ni de tapis d'Orient et encore moins de buste de Freud, c'était la condition pour que j'ouvre mon porte-monnaie. J'ai toujours eu une vision très négative de sa discipline. À cause de Woody Allen. Quarante ans de thérapie pour finir par épouser sa belle-fille, ça vous fait tout de même sacrément chuter le taux de réussite. Mais la bouille du docteur Pâquerette est éminemment sympathique.

Au bout de plusieurs mois, je ne constate, hélas, que peu de résultats. Le souvenir de Rome disparaît dans les brumes, je n'ai plus peur des coups, mais je ne retrouve pas le goût de la vie, celui de la rébellion qui jusque-là m'avait animée.

« Je voudrais que nous parlions de votre mère », me dit-il un jour tout de go. Quelle drôle d'idée ! Il n'y a pas grand-chose à en dire. Je fais sans, elle ne m'a jamais élevée, elle ne me manque pas, comme d'avoir des écailles ou une troisième main. Yvette l'a remplacée, elle était là chaque soir, quand Léna allait danser. « Vous n'arrêterez jamais de manger si vous ne comblez pas le vide qu'elle a laissé, mon petit. » Il n'est pas supposé m'écouter sans rien dire, dodeliner du chef avec un air mystérieux ? La quantité de mouchoirs en papier que je sème autour de mon siège lui donne raison. Si je la revoyais, peut-être arrêterais-je de me fuir sans cesse.

San Diego

Cela fait presque deux ans que je fais l'autruche pour ne pas faire face à ce qui me fait peur. Je n'arrive plus à marcher. Ces mois à emplir mon ventre pour ne pas laisser ma tête penser m'ont fait oublier une autre partie de mon corps qui souffre, ma jambe. Cela s'est fait lentement, un peu chaque jour sans doute. Je boycotte le ménage, ne descends plus à l'épicerie qu'une fois tous les trois jours, et constitue des réserves comme à la veille d'un ouragan. La dépression, sûrement, même si le docteur Pâquerette m'assure de mes progrès. Quel charlatan ! Si ça se trouve, c'est lui qui est guéri ! J'ai senti que nos séances lui faisaient beaucoup de bien. Alors depuis, il n'a plus envie d'écouter des gens se plaindre de leurs malheurs.

Mais ce matin, alors que je suis réveillée depuis quelques heures déjà, je redoute de sortir de mon lit. Je contemple, immobile, les chiffres, bâtons rouges lumineux, apparaître et disparaître en immense sur le réveil pour personnes âgées qu'André m'a donné. J'en ai fait des choses absurdes, mais celle-là, je ne me l'explique pas. Que j'ai peur du monde extérieur, celui dans lequel vit

Sensei, je veux bien l'entendre. Mais quel danger peut donc bien m'attendre dans ma propre salle de bains, si ce n'est le carrelage fané qui s'y trouve ? Soudain, l'autruche pond enfin son œuf, il tombe au sol, la coquille se fendille ; à l'intérieur, la vérité. Je n'ai pas peur, j'ai mal. Ma jambe opérée s'est raidie, elle est enflée, rouge, chaude. Je n'ai pas voulu le voir, et personne n'était là pour me le faire remarquer.

Je me pose sur ma patte droite, laissant la gauche repliée en l'air. Au bout de plusieurs minutes de frictions et d'essais, je parviens enfin à la présenter au sol. Alors j'avance, sur la pointe des pieds, comme si je marchais sur une patinoire. Ma cheville ne peut plus se plier, les orteils se sont solidifiés vers le bas. Cela doit faire des mois, mais c'est la première fois que je le vois. Je ne peux plus supporter mon poids que quelques mètres seulement. Mon périmètre s'est réduit de l'appartement à l'université, de l'appartement à l'épicerie, puis du lit à la salle de bains. Et maintenant que même le trône me semble loin, qu'en sera-t-il demain ?

« On ne peut rien faire, je suis désolé.
— Mais il y a forcément une solution ! Ce n'est qu'une cheville, tout le reste de mon corps va bien.
— L'infection a trop abîmé l'articulation. Il n'y a plus de cartilage, l'os est entamé, le tendon est nécrosé. Que voulez-vous que je fasse avec cela ? »

Le professeur tape du doigt nonchalamment la radiographie. Après avoir vu tous les orthopédistes que j'ai pu trouver à la ronde, je me suis décidée pour l'as des as, celui dont tout le monde parle et auquel on confie les précieux pieds des footballeurs, pour voir quel tour il aurait dans sa manche. Mon accident n'avait pas été grave sur le coup, alors Yvette et André ne l'ont pas déclaré à l'assurance, pour ne pas risquer un malus. Chaque consultation, chaque déplacement doit être payé de notre poche. Entre les radios et les images par résonance magnétique, j'ai la jambe plus photographiée qu'un mannequin professionnel. Trois mois d'attente pour une réponse décevante.

« Mais c'est à vous de me le dire !
— Rien, hélas, on ne sait pas encore faire repousser le cartilage. » Il est si sûr de lui qu'il sourit presque en me l'annonçant.
« Qu'est-ce que cela veut dire ?
— Vous ne marcherez jamais normalement. Continuez avec les béquilles pour l'instant. Puis revenez me voir dans une dizaine d'années pour une prothèse, vous êtes encore trop jeune.
— Il y a forcément quelque chose à tenter, j'ai entendu parler de découvertes récentes en chirurgie.
— Allons, mademoiselle, nous ne sommes que des médecins... On ne peut pas faire de miracle. C'est impossible. »

À l'aube de mes vingt ans, l'impossible n'existe pas encore. Et subitement un uniforme blanc m'annonce qu'il est impossible de ne plus souffrir, de ne plus boiter, ne plus compter les pas. Impossible de marcher pieds nus dans le sable, de danser, de courir, de sauter sur un lit. Toutes les choses dont on me prive semblent soudain cruellement me manquer. Le mot « impossible » est incrusté en mon esprit comme une marqueterie. Cela n'était pas supposé être grave, rien qu'une cheville cassée, une opération dans un service d'urgence, une fièvre qui n'est pas détectée, une douleur que l'on n'écoute pas. Alors je m'étais tue. Et le mal a progressé à l'intérieur, il a rongé tout ce qu'il a trouvé. Sans doute ma cheville est-elle aussi devenue boulimique.

« Il faut accepter la réalité, me conseille André. C'est ça être adulte. » Je ne vais pas mourir, l'infection est contenue, dans sa fringale elle s'est contentée de ma cheville. Mais elle a tout nettoyé. « Pense à tous ceux qui sont en fauteuil, qu'est-ce qu'ils diraient », ajoute-t-il, croyant m'endurcir pour que je supporte mieux l'insupportable. Certes, il y a sans doute bien pire que moi. Je trouve la sanction tout de même un peu sévère.

« C'est parce que tu ne demandes pas au bon Dieu de te guérir, me réprimande Yvette, le père René il me l'a dit... : "Si elle ne demande pas au petit Jésus de la guérir, elle ne guérira jamais !" » C'est un cauchemar, j'ai la gazinière allumée, le sang qui bout, j'ai besoin d'exploser. « Tu vois, je savais que tu te fâcherais, on ne peut rien te dire ! Tu as le même caractère qu'André !
— Qu'est-ce que j'ai fait encore ? » intervient ce dernier derrière le combiné. Il a fait installer un autre poste sur la même ligne, juste à côté de son fauteuil, afin de pouvoir participer en silence à mes appels depuis Paris, sans bouger de sa télévision.

Devant moi tout s'est obscurci, j'ai l'impression de n'être plus rien. Que vais-je devenir ? Une handicapée, si j'en crois l'inscription sur la porte d'entrée du bureau de la Cotorep. Il me faut une carte afin de stationner, et un justificatif coupe-file.

Dans le couloir, des gens en fauteuil roulant, des affligés s'appuyant sur une canne, des aveugles, des obèses, des débiles. Mes mâchoires se serrent de colère, je n'ai rien à faire ici, je ne suis pas comme eux. Seule une petite partie de moi est défectueuse, cela ne fait pas de moi une handicapée. Poignée en plastique et linoléum bleu, le bâtiment développe toute la beauté des préfabriqués destinés à la santé. Une femme de ménage passe une serpillière gorgée d'eau savonneuse et transforme l'admirable sol en patinoire de tous les dangers. Avec les éclopés qui pénètrent là-dedans, la moitié aura fait un vol plané après avoir fait deux pas, pas la peine de s'embêter, autant distribuer des cartes directement à l'entrée.

Je vais mentir à la doctoresse qui est chargée de m'interroger et de m'examiner, j'obtiendrai cette carte et je la tendrai sous le nez de ceux qui refusent de me céder leur place dans le métro ou à la caisse du supermarché. C'est une petite vengeance, mais j'y ai droit. Elle me procure une satisfaction, l'impression de faire quelque chose de mal, de frauder, d'être encore un peu maître de mon destin. Les questions portent sur le quotidien ; rien de plus facile, je vais l'avoir, cette dame dont les lunettes pendent à l'extrémité d'une chaînette.

« Pouvez-vous effectuer les tâches ménagères suivantes seule : courses ?
— Non
— Ménage ?
— Non.
— Repasser votre linge ?
— Non.
— Pouvez-vous effectuer votre toilette sans aide ? Prendre une douche debout ?

— Non...
— Vous lever et aller aux toilettes ?
— Non...
— Pouvez-vous subvenir à vos besoins matériels ?
— Non...
— Sur une échelle de 0 à 10, à combien estimez-vous votre douleur ?
— 9.
— Pourquoi 9 ?
— Parce que l'on peut toujours souffrir encore plus que ce que l'on pense. Je garde un point de sécurité. »

La doctoresse met un coup de tampon sur mon dossier, elle me croit, je l'ai bien eue. Elle lève les yeux de ses papiers et me regarde avec compassion, pitié même, la pire chose qu'elle pouvait me faire. Elle a compris que je dis la vérité. Et c'est à son expression que je me rends compte qu'à chaque réponse, j'ai oublié de mentir.

Moi qui pensais jouer la comédie, je me suis contentée de dire ce qui est. Elle me tend un mouchoir ; sa main est douce, elle a quelque chose de maternel. Je la repousse, je n'ai pas envie de pleurer. Me vient à l'esprit une histoire que m'avait racontée Léna, le soir au Pink Flamingo. Deux Juifs se rencontrent sur le quai d'une gare.

« Où vas-tu ? demande le premier.
— Je vais à Cracovie, répond le second.
— Tu me dis que tu vas à Cracovie, pour que je croie que tu vas à Lodz, tandis que je sais que tu vas à Cracovie. Alors pourquoi mens-tu ? »

J'ai prétendu être handicapée pour me faire croire que je ne le suis pas, alors que je le suis réellement. Je m'effondre en larmes dans le bureau préfabriqué. J'ai accepté l'idée d'être abandonnée, différente, que la vie me prendra ceux que j'aurais encore la hardiesse d'aimer, que d'autres m'aimeraient avec une violence qui me détruirait, mais jamais je ne me suis préparée à être handicapée.

Je le déteste ce mot, tout ce qu'il a de définitif, de limitant ! Ma vie, ce sera cela : attendre le 5 du mois de recevoir ma pension, d'acheter mes médicaments, et un peu d'alcool avec pour faire passer le tout ?

Si c'est cela être adulte eh bien soit, je reste une enfant. Je veux pour toujours être un espoir, non pas une calamité. J'ai besoin de voler, de monter sans cesse plus haut, de défier la gravité, le temps, la vitesse, les lois d'Einstein, chaque partie de mon être est faite pour cela. Ni mon corps ni mon âme ne supportent l'inertie.

« Désirez-vous être bénéficiaire d'une indemnité subsidiaire mensuelle allouée aux personnes handicapées ?
— Pardon ?
— Vous avez droit à une allocation, ainsi que des aides pour les services ménagers », me dit-elle encore. Bien sûr que j'en ai besoin, comment ferais-je autrement ? Mais je ne suis pas habituée à ce que l'on m'aide, et je crains de m'y habituer. Si je reçois une pension pour mon handicap, jamais je n'en sortirai.

« Non », dis-je en mobilisant le peu de fierté qui me reste alors.

Je n'ose pas dire que je préférerais mourir plutôt que cela, je risquerais d'être exaucée. Le couloir qui m'attend dehors est pourtant la preuve que les miracles, cela n'arrive pas. Chacune de ces personnes a bien essayé de prier quelqu'un, quelque chose, qui est aux abonnés absents.

Je demande au taxi de me laisser devant l'entrée. Peut-être est-il encore trop tôt, peut-être a-t-il fermé, le Pink Flamingo. L'enseigne lumineuse est éteinte, et avec mes cannes et ma démarche sur une patte, le seul flamant rose ici c'est moi. Le trottoir est mouillé, j'ai besoin de m'asseoir, d'appuyer mon dos contre la grille baissée. Je suis fatiguée. Je voudrais que tu viennes me chercher, j'ai froid tout au milieu de moi. Les gens qui passent n'ont pas de visage, des lions rugissent, des enfants pleurent, c'est trop fort. On m'a posée là, j'ai essayé, mais je n'y arrive pas, je ne suis pas assez solide. On aurait honte de mettre au monde des enfants si l'on savait à l'avance ce que la vie en ferait. Je voudrais tant que quelque chose se passe. Impossible. Je devrais l'entendre, mais quelque chose en moi résiste aussi fort que la grille rouillée du Flamingo.

Pourquoi devrais-je l'accepter, cet impossible qu'un autre a décrété ? Qui a le droit de poser une limite à mon existence, à ce que je souhaite être, en se basant sur ses seules connaissances ? Ce qui me fait si mal, ce n'est peut-être pas seulement ma cheville, c'est que j'ai cessé d'être libre en subissant ce mot : « impossible ».

Je n'ai pas à vivre ainsi. Ce n'est pas mon anniversaire, mais je décide de faire un vœu. Les chirurgiens ont tort. Rien de moins. Après tout, quel homme peut me dire que je ne remarcherai jamais normalement ? Peut-être est-ce vrai au moment où il le dit, et à l'endroit où il le dit. Il ne peut me garantir que dans un autre pays, ailleurs, il n'y ait personne qui sache guérir ma blessure ? Et si cette personne n'existe pas, demain, dans un an, ou dix, quelqu'un aura sûrement trouvé le moyen de traiter cette lésion. Dès lors, il a tort de me dire que je ne remarcherai jamais. Donc si ce n'est pas impossible, c'est bien que c'est possible. Heureusement que j'ai appris à maîtriser les syllogismes en classe de philosophie !

Dans la poche de ma veste en jean, la carte verte temporaire de personne handicapée que la doctoresse aux lunettes à cordon m'a remise. Je la déchire de toutes mes forces, jusqu'à en faire des confettis que je jette par-dessus ma tête. Je me sens plus légère, je sais ce qu'il me reste à faire. Me mettre en quête de cette personne spéciale qui détient la clé de ma liberté. Je la trouverai. Le trottoir glisse sous l'embout de mes béquilles, il me faut attendre que quelqu'un passe pour m'aider à me relever. Mais juste après, je me mets à sa recherche.

« Peut-être que ça va guérir aussi Kiki.
— Je ne sais pas si cela marche sur les animaux.
— Ça ne mange pas de pain, tant que tu es dedans, demande aussi pour lui ! »

Assise sur une chaise en plastique au milieu des paralytiques, Yvette me tend l'apathique bichon. Lasse d'entendre que j'espère trop de la chirurgie et pas assez du bon Dieu, je me suis laissé convaincre de venir à Lourdes prier la Sainte Vierge. Entre femmes, peut-être nous comprendrons-nous mieux. Personnellement, serais-je la mère de Dieu, j'aurais d'autres divertissements que d'apparaître à des bergères dans une grotte des Hautes-Pyrénées pour leur ficher la frousse. Mais c'est une question de point de vue.

Nous avons roulé près de deux heures dans la Mercedes d'André pour arriver à la ville de toutes les espérances et, une fois garées avenue du Paradis, nous descendons jusqu'au sanctuaire en laissant derrière nous les boutiques de souvenirs où chapelets et vierges clignotantes sont prêts à être aspergés d'eau bénite. La première chose qui touche à Lourdes, c'est l'humidité. Le gave de Pau s'écoule au pied de la grotte et à chaque pluie ressemble à un torrent qui viendrait creuser un peu plus la vallée encaissée. Rien qu'à respirer, on attrape de l'arthrose. Moi qui suis atteinte d'arthrite aiguë, je me demande bien comment tous ces vieux peuvent marcher jusque-là.

La file d'attente serpente à l'entrée, chacun un cierge allumé à la main, ce qui relève déjà du miracle étant donné le vent qui souffle plein ouest accompagné de crachin. Entre les béquilles, la queue qui n'avance pas et le chien que je tiens, je réalise un numéro d'équilibriste digne d'un cirque.

Pas la peine de sortir une carte d'invalidité pour espérer y couper. Devant moi, des cannes, des béquilles, des attelles, des minerves, des fauteuils pour enfants, et même un brancard. Un type y est allongé, entièrement couvert de bandages. J'ai d'abord un sursaut, la malédiction de Pharaon ! « C'est un grand brûlé, il y en a beaucoup. On les envoie en ambulance depuis l'hôpital de Pau. Il y en a même qui viennent de Bordeaux, imaginez ! » me dit fièrement une dame au visage rond à laquelle il manque un bras. Elle n'espère tout de même pas qu'un miracle le lui fasse repousser ? « Non, s'amuse-t-elle, je viens pour mon fils ! » Vu l'infirmité de la mère, je n'ose imaginer ce que peut avoir le fils, pauvre famille. « Il passe bientôt le baccalauréat ! Qu'il est mignon votre petit toutou », complimente-t-elle en s'avançant pour caresser Kiki qui s'est endormi sur moi. « Non ne le touchez surtout pas ! » ai-je à peine le temps de la mettre en garde que Kiki a la gueule grande ouverte. « Il est sous traitement pour sa dépression, et cela le rend agressif, je suis désolée. » Il ne manquerait plus qu'il lui morde son unique main !

« Pauvre petite bête, dit-elle, ah ! Il y a bien du chagrin sur terre ! Chacun a sa part ! »

Arrivée devant la grotte, je suis surprise par ses dimensions. Basse de plafond, surplombée par une statue de Marie entourée de lierre, on y tient à peine debout. On dépose son fauteuil, ses cannes si l'on peut, on se fait aider pour avancer, mais on veut la traverser debout, à peu près. Tant d'efforts pour se dresser, rien qu'un mètre seulement, toucher la roche humide de sa main, de son front. Il est là, le miracle humain, dans cette détermination partagée. « Lève-toi et marche. » Il en a de bonnes. Quelle absurdité que la croyance en une vierge accouchant d'un enfant divin, lequel transforme de l'eau en vin, puis s'en va trouver des paralytiques pour leur dit de se lever, et hop, les types prennent leurs civières et rentrent chez eux, avant que le Divin Enfant finisse crucifié par un Romain tandis qu'un autre se lave les mains. Pourtant je vois des centaines, des milliers de gens réunis autour de ces simples mots. Il ne suffit peut-être pas de vouloir marcher pour le pouvoir, mais la volonté est un commencement. Je regarde Kiki qui s'est réveillé, ses yeux sont suintants eux aussi. J'ai l'impression que nous partageons un moment intense lui et moi. Je repars aussi boiteuse qu'en arrivant, mais Yvette est contente, elle trouve que Kiki semble déjà aller mieux. Il trottine guilleret dans l'appartement.

De retour à Paris, je n'ai pas sommeil. J'étale sur le tapis d'Orient d'André mon dossier médical, les radios, les comptes rendus, je n'y comprends pas un mot. Un jour on est une adolescente, on ne se soucie de rien d'autre que de soi, à peu de chose près, un autre on est bombardée de termes chirurgicaux en langue cryptée.

Mais je ne compte pas renoncer. Ce soir je suis Champollion, ce dossier sera ma pierre de Rosette.

Armée d'un dictionnaire Vidal et d'un surligneur fluo, je commence à déchiffrer. Pour savoir quoi chercher, je dois comprendre ce dont je souffre. D'une multitude de problèmes apparemment. Quel est le plus grave de tous, voilà ce que je dois découvrir afin de le traiter en premier. Les autres seront plus aisés. Puisque la solution n'existe pas en France, je vais la trouver ailleurs.

Depuis mon ordinateur, je m'inscris en ligne à des cours, des colloques, attends impatiemment tel symposium d'orthopédie moléculaire ou l'approbation par la FDA, l'autorité de médecine de l'administration américaine, de telle méthode. Ma chambre devient celle d'un limier. Une carte du monde déployée devant moi, des épingles avec des noms et des pourcentages de réussite. J'écris à des spécialistes au Japon qui me proposent une prothèse en corail, mais on ne sait pas encore totalement comment cette matière vivante réagit sur le long terme. Il se peut qu'elle colonise les autres organes en milieu chaud. Des Australiens de l'université de Sydney proposent une greffe d'os de requin, très solides à ce qu'il paraît. Des chirurgiens chinois ont quant à eux élaboré un disque en muscle cardiaque de cheval pour remplacer le cartilage humain. Ce n'est plus de la chirurgie, c'est d'une animalerie que j'aurai besoin d'ici peu !

Mon cas est complexe, avec un risque d'amputation à la clé. L'idée me fait cauchemarder chaque nuit. Les termes de rejet, de gangrène sont évoqués. Quoi qu'il se passe, je préfère ne plus marcher plutôt que de renoncer à l'intégrité de mon corps. « Avec le temps, d'ici à quelques années, m'assurent-ils tous, notre technique sera améliorée, nous pourrons vous aider sans mettre votre vie en danger. » Mais de vie je n'ai plus.

Deux ans s'écoulent comme un instant à ne faire que cela. Yvette et André sont préoccupés, mes amis me disent de laisser tomber, je fais une obsession. Puis un matin, il est là, le message d'un chirurgien allemand. Il fait partie des pionniers travaillant sur la culture de cellules humaines. Cela consiste à les faire pousser et les récolter, une sorte d'agriculture à l'intérieur du corps humain. Les chances de résultats sont difficiles à établir, mais les risques ne sont pas inconsidérés. Je suis jeune et en bonne santé, le cobaye idéal pour un homme armé d'un scalpel.

Il n'y a pas à dire, les films de guerre ont durablement nui aux Teutons. Les récits d'André n'ont certainement pas aidé mon imagination. Dès que j'entends parler allemand, j'ai l'impression qu'on veut me faire du mal et qu'on a les moyens de me faire parler. « Alors à la semaine prochaine. » J'étais ailleurs, je n'ai pas tout entendu avant de raccrocher. Mais vendredi en huit il m'opère dans une clinique de Zurich, puisque la technique est encore interdite dans le reste de l'Europe.

De la moquette bleue. Moelleuse, soyeuse, de celles qui donnent envie de marcher dessus. C'est drôle, quand on arrive dans une clinique suisse, on n'a pas l'impression que les gens sont malades. « Le docteur a demandé à ce que l'on vous donne la chambre Monet », me dit l'infirmière me guidant à travers l'étage, partagé avec le département de chirurgie esthétique. À chaque pas, des dames enturbannées de pansements avec des lunettes de soleil, au mur le portrait du praticien, chauve et la peau drôlement bronzée. À l'intérieur de ma chambre, un tableau aux tons pastel d'une délicatesse infinie en face du lit, la *Femme à l'ombrelle tournée vers la gauche*. Debout dans les champs, son foulard dansant dans le vent, sur un fond de ciel bleu. Quel apaisement !

Descendue au bloc sur un chariot à roulettes, mon cœur bat à tout rompre. Je suis seule. Yvette ne supporte pas l'avion et André est cardiaque. L'équipe médicale parle allemand et porte des masques chirurgicaux. Devant leurs visages dissimulés, l'angoisse monte. J'imagine que *Sensei* est là, qu'il va m'ouvrir en deux, me découper façon boucher. Je n'arrête pas de gigoter sur le billard, c'est bien le moment de faire une crise de stress post-traumatique !

L'anesthésiste approche sa perfusion de mon bras, je le repousse. Je veux m'échapper. Tandis qu'il se détourne pour changer d'aiguille, je me lève de la table d'opération, dans ma blouse verte nouée à l'arrière qui ne cache que le devant et, cul nul, commence à sautiller sur une jambe vers la porte. On me crie en allemand de me calmer, ce qui provoque l'effet inverse. Le chirurgien entre enfin. Il enlève son masque et me sourit.

J'ai laissé sur mon corps une petite surprise à son intention. Le nombre de cas d'erreurs médicales dont j'ai entendu parler, où l'on a opéré le mauvais organe m'a glacé le sang. Ainsi, sur ma jambe droite j'ai écrit en anglais au feutre noir « ne pas m'opérer » avec la tête d'un bonhomme en colère. Sur mon pied gauche, prise d'une crise de créativité – c'est ce qui arrive quand on dort dans une chambre Monet –, j'ai dessiné un personnage, avec deux yeux et un sourire disant : « Je vous en supplie, quoi qu'il se passe, ne me coupez pas. »

L'anesthésiste profite de mon accalmie pour me coller un masque sur le nez. Je ne dois pas dormir, jamais. Il n'y a que moi pour me défendre, on pourrait m'enlever. Je ne dois pas dormir. Le gaz vient à bout de ma résistance. Et si je ne me réveillais pas ? Quel est le dernier visage que je verrais en fermant les yeux ? Celui de la jeune femme à l'ombrelle de Monet. J'avance vers elle, l'herbe jusqu'aux mollets, des épis de blé, des coquelicots. Elle se tourne vers moi et me tend la main, ses cheveux blonds attachés sous sa coiffe bleue. Je ne vois pas son visage, mais elle sent bon, comme une odeur d'enfance oubliée.

L'ambulance progresse lentement, faisant déraper les chaînes dans la neige. L'opération s'est bien passée, je dois à présent rester sous surveillance médicale dans le centre de rééducation spécialisée de la station thermale de Loèche-les-Bains. Les infirmiers déposent ma valise devant l'entrée, me voilà, plâtrée jusqu'au genou, au milieu des montagnes suisses. L'institution a des horaires presque militaires : soins de kinésithérapie de 8 heures à 11 heures du matin, déjeuner dans la salle commune, soins aquatiques jusqu'à 16 heures, dîner à 18 heures. Les visites extérieures ne sont pas autorisées, l'Internet aux abonnés absents. Seule distraction permise, voir par la fenêtre le jour progresser sur les sommets enneigés. Au réfectoire, on parle prothèses de hanches et rhumatismes, la radio suisse diffuse en français la chanson *La Belle Vie* de Sacha Distel, je fonds en larmes comme un canon à neige, à 19 heures tout est éteint.

Une semaine à ce régime et je pense y rester. Samedi suivant, je tente une sortie. Hélas, mes béquilles s'enfoncent de moitié dans la poudreuse non damée ! Les infirmières suisses allemandes viennent me cueillir et m'astreignent au fauteuil roulant. Le chirurgien a été strict, toute chute pourrait être grave. Je prétends ne faire qu'un tour du pâté de maisons pour profiter de l'air frais, mais je mens.

Le pied à l'horizontale avec mon plâtre surélevé, je pousse sur les roues de toutes mes forces en direction du téléphérique, laissant deux traces zigzaguant dans la neige. Je n'en peux plus des légumes bouillis et de la vallée ! J'ai besoin d'altitude, de frites, de mayonnaise en intraveineuses, de respirer ! J'arrive à embarquer sans forfait dans une cabine au milieu des skieurs. J'ai juste oublié que je déteste être enfermée, pourvu que l'on ne s'arrête pas ! Comment expliquerai-je à mon chirurgien que j'ai dû sauter d'un téléphérique en panne ?

À peine arrivée au sommet, mes doigts gèlent sur le métal des roues de mon fauteuil, je n'ai pas de gants, mes orteils dépassent du plâtre, ils ont changé de couleur. Quelqu'un me pousse vers le restaurant, il est dans mon dos, au secours, on m'enlève ! Il s'approche, ôte son bonnet rouge avec une croix blanche et l'enfile sur mon pied, bordant mes orteils à l'intérieur. Il s'appelle Valentino. Un grand brun tout sec avec des taches de rousseur sur les pommettes et au nez cassé. C'est un skieur de l'équipe nationale suisse venant du Tessin. Je l'ai aperçu au centre, il a eu lui aussi un accident en compétition, son dos a été touché, il n'est pas passé loin de la paralysie. Serait-ce l'altitude ou le manque d'oxygène, mais il me fait de l'effet. Il me tend une plâtrée de pommes de terre cuites avec de la sauce, c'est carrément un demi-dieu.

Il faut rebrousser chemin avant que les infirmières ne signalent notre absence et ne consignent un blâme dans notre dossier. « Dans ma chambre, j'ai du *fragolino* que ma mère m'a envoyé, un vin de fraise pétillant », me dit-il. Je souris : s'il croit qu'il va m'avoir avec du vin de fraise, c'est gros comme un chalet suisse son affaire !

Dix-neuf heures, couvre-feu, moins d'une minute plus tard je frappe à sa porte. Il a subtilisé au réfectoire deux verres à pied en prévision de ma venue. Grand seigneur, il abaisse le lit médicalisé jusqu'à ma hauteur grâce à la télécommande. Son oreiller installé sur la chaise du bureau, il y dépose mon pied comme un soulier de vair. À la télévision allemande, on rediffuse des épisodes de l'inspecteur Derrick, c'est tout à fait navrant. L'homme à l'imperméable va d'une scène de crime à l'autre, toujours des femmes assassinées, des blondes qui sortaient la nuit. Jamais il ne sourit, à se demander s'il a des dents.

Le *fragolino* est tellement sucré qu'il fait office de boisson et de dessert à la fois. En quelques gorgées la tête nous tourne. Valentino éteint la lumière, et, tandis que Derrick enquête, nous rapprochons nos corps. Besoin de tendresse, de se rassurer, de tromper la peur : ni l'un ni l'autre ne savons ce qu'il va advenir de nous, comment sera la vie d'après. Aucun de nous deux n'a élaboré de plan B.

C'est la première fois que l'on me touche depuis Rome. Cela fait déjà trois ans. Quel endroit plus adapté qu'un centre de rééducation, après tout. Valentino est blessé lui aussi, il ne me fera aucun mal. Il doit éviter tout mouvement violent avec sa colonne vertébrale et ne rien soulever. Je manque de l'assommer avec mon plâtre en me déshabillant, les préliminaires sur l'alèse du lit médicalisé doivent ressembler à un gymkhana qui fait peine à voir. Ses lèvres ont le goût des fraises, alors qu'importe.

Ce n'est pas l'avis de l'infirmière de nuit, Greta, qui ouvre la porte en grand à l'heure de sa ronde. Elle lance un regard réprobateur, nous montre du doigt et nous incendie en allemand, nous devrions avoir honte. Derrick, Greta dans ses sabots en plastique, le lit médicalisé, le vin sirupeux, impossible de ne pas lui rire au nez. Convoqués le lendemain individuellement devant le triumvirat des docteurs en chef, je ne ris plus. Au téléphone, ils font à mon chirurgien le récit de l'événement. « Je doute que cela affecte la convalescence de sa jambe », répond-il pudiquement. Mais je suis prévenue, une pastille jaune est désormais accolée à mon nom. À la prochaine bévue, c'est l'expulsion de l'établissement.

Les semaines passent entre ennui, angoisses et efforts quotidiens. Au moment de libérer ma jambe de son cocon, ce n'est pas un papillon qui s'y trouve, mais une chenille velue. La peau s'est nécrosée. Une sorte de trou noir s'étend d'un côté à l'autre de ma cheville. Il a fait disparaître la matière. De la chair gangrenée laisse apparaître les tendons. Quelle sensation étrange de se dire que mon corps a décidé de disparaître.
Je ne peux pas me battre contre lui, j'ai besoin qu'il soit mon allié !

Il faut cureter le mauvais, pas le temps d'anesthésier, le chirurgien, le voilà plongeant son nez et son bistouri au-dessus de l'abysse. Cela ne suffira pas, une greffe de peau devient nécessaire. Et où compte-t-on la trouver ? Sur mon postérieur ! Mais va-t-on donc me découper morceau par morceau ? Je le supplie de me laisser une chance de cicatriser, je ferai tout ce qu'il me dit. L'idée que l'on m'ouvre de partout m'horrifie et fait refluer un peu plus loin mon humanité. Permission accordée, à condition que je reste plusieurs jours dans une chambre stérile. Jamais peau ne m'a semblé si belle que celle que je vois tous les jours repousser. Elle est si courageuse, d'ainsi vaincre une nécrose galopante, que j'en ai les larmes aux yeux. Fine, toute rosée, on dirait un nouveau-né, je donnerais tout pour la protéger.

Le jour de mon anniversaire, enfin je suis délivrée. La porte de la chambre stérile s'ouvre, chers microbes et bactéries, comme vous m'avez manqué ! Yvette et Kiki sont là, ils sont venus en train depuis Biarritz. À écouter leur récit, j'ai l'impression qu'ils ont traversé l'Europe à bord du Transsibérien. Le répit est de courte durée. Le chirurgien nous fait part des derniers résultats, l'opération n'a pas marché. Il a une autre solution à me proposer. Il s'agit de transpercer ma jambe avec une pièce de métal de la taille d'une pompe à vélo qui s'accroche à l'intérieur de mon tibia ainsi qu'à mon pied par d'épaisses vis. Le but du jeu est de mettre un tour de clé à molette chaque jour dans cet écarteur, pour éloigner les os et faire baisser la pression sur les articulations. Il sort fièrement une photo de l'appareil de torture. Un inquisiteur du Moyen Âge pleurerait de joie devant une telle invention. Le nom de l'outil est écrit en dessous : XCaliber. « Comme Excalibur, l'épée du roi Arthur, s'enthousiasme mon chirurgien, parce que personne ne peut la sortir du rocher ! Une fois plantée dans la jambe, personne ne peut la retirer non plus, à part l'élu ! » Je le regarde, dépitée. Il n'y a vraiment que des Allemands pour trouver pareils jeux de mots. Je vais cohabiter avec cette chose trois mois durant. Ne pas marcher, ne pas tomber, ne pas me cogner, ne pas me baigner. Je signe en bas du document de consentement, avec l'impression d'acquiescer à la réalisation de mon pire cauchemar. Surprise du chef, il doit auparavant ponctionner l'eau qui est remontée dans le genou. Mon corps, depuis quelques années, est devenu une porte de frigo. On ouvre, on ferme, on en prend un peu, on remet autre chose, chacun se sert en somme.

« Mesdames et messieurs les passagers, ici votre commandant, nous rencontrons un problème technique. » La fumée grise et l'odeur de brûlé qui envahissent la cabine m'avaient mise sur la piste. Les lumières s'éteignent d'un coup, l'alarme se déclenche, un silence étonnant se fait. On dit toujours, en avion, qu'il suffit de regarder les hôtesses et les stewards pour s'assurer que tout va bien. Mais lorsque ces derniers sont assis, ceinture attachée, la tête entre les jambes, que doit-on conclure ? « Nous entamons une procédure d'atterrissage d'urgence, veuillez rester calmes. » Les cent quatre-vingts passagers du Paris-Los Angeles sont tout sauf tranquilles. On ne mesure pas ce que c'est de paniquer en avion avant de voir les masques à oxygène jaunes tomber du plafond. J'ai tellement peur que j'envisage de m'attaquer la carotide avec mon couteau en plastique pour en finir. La petite fille assise à côté de moi me sort de ma rêverie suicidaire en tirant sur ma manche pour que je l'aide à mettre le sien. Autour de son cou, une étiquette avec son prénom, elle voyage seule. Mince, c'est moi l'adulte de cette rangée. Sous le masque, on respire comme à l'hôpital un air légèrement froid avec un goût d'éther.

Nous avons décollé il y a vingt minutes à peine, par le hublot on aperçoit encore la terre ferme. Je fusille des yeux l'hôtesse qui m'a pris mes cannes pour les mettre dans les compartiments près du cockpit, afin de ne pas gêner les autres passagers. « Vous n'aurez qu'à me les demander quand vous voudrez vous lever », m'avait-elle lancé nonchalamment. Si nous devons sortir en laissant tout derrière nous, comment ferai-je ? Elle n'a plus l'air disposée à me les rendre. Restons calme, je suis en route pour les États-Unis, rien de mal ne peut se produire.

Quatre ans se sont écoulés depuis les montagnes suisses, mais grâce à la morphine, ils ne m'ont paru durer qu'une journée. Interminable, maussade et insupportable. Le matin dans un centre de rééducation pour sportifs, le soir dans mes livres de philosophie, la nuit sur Internet, poursuivant mes recherches afin de trouver l'homme qui sur terre détient le savoir pour me faire à nouveau marcher. Enfin c'est arrivé.

Il exerce en Californie, au pays des gens musclés, là où la vieillesse ne se couche jamais. Il est le seul au monde à pratiquer cette technique, il l'a inventée. Un mélange de soulagement et de colère s'empare de moi lorsqu'il m'annonce devant la caméra de son ordinateur, de toutes ses dents – Dieu ce qu'elles sont blanches et nombreuses, il doit y en avoir au moins quarante là-dedans –, que ce qui était depuis tant d'années un insoluble problème ici n'en est pas un pour lui.

Qui me rendra mes plus belles années jamais vécues ? Pourquoi les médecins m'ont-ils découragée, me faisant penser que j'étais folle d'ainsi m'entêter ? Et si j'avais réellement arrêté de chercher ? Certes, je ne serais pas prisonnière de cet avion en train de descendre dangereusement, sans d'autre bruit que l'alarme qui résonne toujours à l'intérieur de la carlingue. Un dernier coup d'œil au hublot, la piste d'atterrissage se dessine, les cuves sont encore pleines, deux haies de camions de pompiers gyrophares allumés nous escortent. Tête entre les genoux, nous attendons l'impact.

« Un simple problème électrique », rassure le pilote sous les applaudissements des passagers. La compagnie propose des nuits d'hôtel, des remboursements de billets. Je tremble sur mes cannes. Peut-être est-ce le signe que je ne dois pas y aller. Un autre continent, les économies d'une vie, celle d'Yvette et André, cinq heures de chirurgie avec deux équipes, un mois de convalescence sur place. Et puis, l'avion. « Mademoiselle, voulez-vous annuler le billet, ou prendre le prochain vol affrété ? » Jamais je n'ai été aussi près du but. Je ne vais pas laisser la peur dicter ma conduite. C'est moi le parent maintenant, et je dois sauver mon petit enfant à l'intérieur de moi.

« Il va me falloir un autre verre. Laissez la bouteille là. » Quitte à s'écraser, autant être saoule. Assise sur mon siège de première classe où l'on m'a surclassée, j'imagine en sifflant mon champagne que l'appareil est un gros oiseau. Une sorte de cigogne ou de goéland. Ses ailes blanches sont droites et solides, je ne suis pas enfermée dans un habitacle, je suis nichée dans ses plumes. Il est en train de migrer, il part pour la belle saison, et il m'a emmenée sur son dos. Il fait un bruit assourdissant, cet oiseau, c'est normal.

Encore un battement d'ailes et nous voilà posés. Avec mon sac à dos et mes béquilles, je me dirige vers les loueurs de voitures dans le terminal voisin. Il ne reste que des décapotables, soit. La *highway* m'ouvre les bras. Fermement accrochée au volant, je roule au soleil couchant jusqu'à San Diego, à deux cents kilomètres de là.

Le chirurgien ne m'attend pas avant midi, j'ai les nerfs en pelote. Au petit matin, je pousse la décapotable devant le zoo de la ville. Des flamants ! Des roses, des oranges, il y en a des milliers. « Depuis 1932, ils sont notre emblème », me renseigne un soigneur. Leur œil jaune énigmatique me remet en mémoire le souvenir de ma virée avec Léna. Je n'ai jamais revu ces animaux depuis, mais près d'eux je me sens chez moi. Un groupe de volatiles se repose, sur une patte, la tête nichée sous l'aile, le cou formant une boule. D'autres sont réunis en conciliabule, jactent et caquètent en frappant le sol marécageux de leurs échasses tordues. Deux de ces contorsionnistes se disputent, tandis qu'un troisième leur met des coups de bec pour les calmer. Un tout petit, mais aux plumes d'un rose intense, dont le bout semble trempé dans un encrier noir, ondule face à une femelle. Il tournoie, froisse ses ailes, les lisse, les gonfle, c'est un flamant latin, cela se voit tout de suite.

Avant de se faire opérer, ici, il faut payer. Yvette et André ont rassemblé l'argent nécessaire à l'intervention ainsi qu'aux frais hospitaliers, je dois effectuer le virement à peine arrivée. Tout est déjà en règle, m'annonce la secrétaire à mon grand étonnement. Comment est-ce possible, je ne veux pas risquer de finir dans une prison californienne pour défaut de paiement. Je porte très mal l'uniforme et l'orange ne me va pas du tout au teint !

« Quelqu'un est venu régler pour vous.
— Qui serait prêt à payer une telle somme ?
— Un monsieur. »

Un admirateur secret... Si j'avais su que des gentlemen se baladaient dans les hôpitaux américains pour payer gracieusement les soins des jeunes femmes, j'aurais pris la peine de m'arranger un peu.
« Votre père. »

Comment a-t-il fait ? Est-il venu avec la somme en liquide dans un étui à violon ? Où est-il ? Tant d'années que je ne l'ai vu, j'ai presque oublié son visage. Je le cherche du regard dans le hall d'entrée. Un homme brun se tient de dos, le haut du crâne dégarni formant comme un nid, c'est sûrement lui ! On a tort de dire que les gens ne changent pas. Son geste m'émeut, tout est pardonné. Je m'approche, les larmes aux yeux. « Papa ! » Il se retourne, sa femme aussi. Ce n'est pas lui, je me suis trompée. L'infirmière vient me secourir : « Il a payé mais il est reparti. »

C'est l'heure, il faut y aller. Le chirurgien m'encourage de toutes ses dents comme un entraîneur avant une compétition, soudain je ne sais plus si je suis aux Jeux olympiques ou dans une salle d'opération. Je vais gagner, j'irai au tour d'honneur, *La Marseillaise* retentira encore une fois.

Rouge, verte, jaune, bleue, ma jambe passe par toutes les couleurs. L'intervention s'est déroulée comme prévu, il ne reste qu'à attendre. La principale tâche des désœuvrés ? Occuper le temps. Le soir, j'ai le mal du pays, alors je me raconte des histoires, que j'écris dans un cahier. Au bout d'une semaine, je suis autorisée à me promener en fauteuil sur la jetée. Une foule de gens vient y courir, y rouler, sous le soleil californien. Des femmes en rollers me saluent, des types faisant de la musculation lèvent le pouce à mon passage, certains même poussent mon fauteuil quelques mètres. Les mouettes au loin semblent surfer sur les vagues, il y a des hommes d'affaires à mallettes, d'autres avec des lunettes de soleil, des filles en bikini. Tout me paraît familier. C'est seulement maintenant que cela me saute aux yeux : je l'ai fait. J'ai découvert l'Amérique. Celle dont nous rêvions avec Léna.

Le téléphone sonne. Mon cœur bat. C'est ma mère qui m'appelle, j'en suis certaine, c'est le plus beau jour de ma vie.

« Allô, Yvette ? Tout va bien ?

— Oui, Enaid, moi ça va... C'est André. »

BIARRITZ

« Son état est stabilisé, il est hors de danger, vous pouvez le ramener à la maison, ma secrétaire prépare les documents de sortie.

— Comment cela, nous pouvons le ramener, il ne manque pas quelque chose ?

— Bien sûr… c'est 150 euros », me dit le chef de service de l'hôpital, refermant déjà le dossier patient, une chemise de carton vert avec un numéro dessus, ainsi qu'un nom, le nôtre.

« Mais où est le reste de la personne ? Moi j'avais un grand-père en entier, vous ne m'en rendez que la moitié. Qu'est-ce que vous voulez que j'en fasse ?

— Il est de mèche avec eux, t'as pas compris ?

— Attends, papi, je parle avec le médecin. »

Le neurologue lâche un soupir à peine dissimulé, il est déjà 11 h 30, sa salle d'attente est pleine, il a l'estomac vide.

« L'épisode de crise est terminé, ses fonctions cognitives sont certes endommagées, mais fonctionnelles, je ne vois aucune raison de le garder. Je ne peux rien de plus si ce n'est prescrire une médication et un suivi infirmier. On se revoit dans trois mois. »

Trois mois, c'est le temps qu'il me reste avant de pouvoir à nouveau marcher. André, l'homme fort de la maison, le résistant, s'est tellement inquiété de me savoir seule à l'autre bout du monde qu'il a fait une attaque à peine étais-je entrée au bloc opératoire. La semaine qui a suivi, Yvette ne me l'a pas dit. Chaque fois que je lui demandais ce qu'il y avait de neuf, elle éludait d'un « rien que du vieux », et lorsque je demandais à parler à André, je m'entendais répondre qu'il regardait sa télé. Il est resté trente-sept jours et trois heures exactement dans le coma, le temps de mon séjour aux États-Unis. À la minute où j'embarquai dans l'avion du retour il ouvrait les yeux et arrachait sa perfusion, se fâchant contre Yvette parce qu'il était barbu, ce qui n'est pas présentable.

Rasé de près, il attend sur le pas de la porte de l'appartement de Biarritz, comme d'habitude, sa boiteuse prodigue. Mais quelque chose a changé. En pleine nuit, à 2 heures du matin, j'entends quelque chose gratter. Cela vient de la cuisine, comme un rongeur en pleine activité. C'est André, en train de prendre son petit déjeuner. Deux bananes, quatre biscottes, un grand verre d'eau, immanquablement, devant lui à sa gauche.

« Papi qu'est-ce que tu fais ?
— Tu vois bien. Dépêche-toi si tu veux que je t'amène au lycée avant d'aller au magasin, sinon tu iras à pied.
— Mais on est en pleine nuit
— Tu vois bien qu'il fait jour enfin ! »

Mon Dieu, lui qui avait mis un point d'honneur à ne jamais grignoter en dehors des repas, c'est évident, il n'a plus toute sa tête. Après quelques minutes perdues en absurdie à disserter sur la différence entre le jour et la nuit, il se met en colère. « Je ne suis tout de même pas fou ! Je suis chez moi ! »

Alors je m'attable avec lui et je fais en sorte de prendre mon petit déjeuner aussi. Après m'être habillée, sans réveiller Yvette, nous descendons au garage où nous attend l'infatigable Mercedes. Il me dépose devant la grille encore fermée de mon ancien lycée. Je serai bientôt trentenaire mais pour quelques minutes, je suis encore sa petite fille.

« Travaille bien, c'est important. Il paraît que tu n'as pas de très bonnes notes. Avec Yvette, on veut que tu aies une situation. On ne sera pas toujours là, tu sais.

— Oui, papi, je te promets. »

Je l'embrasse sur la joue, comme je le faisais à l'époque où j'habitais sous son toit, où personne n'avait encore abusé de moi, où je ne souffrais pas à chaque pas.

Il regarde dans ma direction et semble ne pas me voir, mais ses oreilles aux lobes allongés se dirigent vers la source sonore qu'elles se souviennent aimer. Ses yeux bleus sont si clairs en pleine nuit, délavés, sans profondeur aucune, comme si l'âme qui leur donnait leur teinte avait déjà fui. Ou peut-être est-ce la pupille, minuscule et étonnamment fixe, une tête d'épingle plantée là pour faire tenir le tout dans l'orbite aux contours affaissés.

« Comment je m'appelle, papi ? » Il n'ose répondre. Et moi, suspendue à ses lèvres, j'attends la confirmation que c'est encore lui, que c'est toujours moi. Au bord des larmes, je lui fais face, il s'est immobilisé, comme un animal cesse de bouger lorsqu'il se sait observé par un braconnier.

Il me semble que je le regarde pour la première fois depuis très longtemps, tant j'avais voulu détourner le regard de la vieillesse qui opérait d'une main de maître et ratatinait celui qui avait été à mes yeux un héros.

    La géographie de son visage a changé. Le processus a commencé une quinzaine d'années auparavant, alors que j'étais encore adolescente, et j'avais jugé cela bien trop tôt pour me confronter à cette réalité et à son issue malheureuse. Comment n'ai-je pas pu voir le naufrage de cet homme qui chaque jour s'abîmait un peu plus sous mon nez ? Seules ses pommettes, hautes, ciselées, les mêmes que les miennes, me rappellent encore qui il est. Toute la scène me paraît d'une absurdité inhumaine, tel un vilain rêve. Le jour que je redoute depuis que l'on m'a confié à cet homme de soixante-trois ans mon aîné est bien arrivé.

Une souris a mangé le cerveau de mon grand-père. J'ai retourné le problème dans tous les sens, c'est la seule explication. Elle a dû se faufiler de la cuisine, trop peu nourrie par les biscottes allégées d'André, gratter à la porte de sa chambre, monter sur le lit en s'agrippant au drap qui devait traîner par terre parce qu'il n'aime pas être bordé, arriver jusqu'à lui, il devait sentir bon le gruyère qui termine chaque dîner, puis, pistant l'origine de ce parfum qui l'alléchait, elle a dû chercher une ouverture. Quoiqu'il ronfle bouche ouverte et que l'on pourrait jouer au golf miniature dans ses trous de nez, elle a dû emprunter le chemin qui semblait le plus évident pour un rongeur : l'oreille. La souris a donc grimpé sur l'oreiller, se trouver à son aise sur le lobe mou et tombant, se lancer dans le labyrinthe auriculaire et y entrer. Et elle a fait un carnage. Un festin de matière grise.

Le lendemain matin, qu'il prend à présent pour la nuit, je le conduis en urgence à la consultation de neurologie de l'hôpital. Le verdict tombe, maladie d'Alzheimer avec démence. Des taches se sont installées dans son cerveau, la dégénérescence est avancée.

« Vous avez été choquée, je le comprends, mais il est apte à rentrer. N'est-ce pas, monsieur...? » Il ouvre machinalement le fin dossier vert, cherche le nom du patient.

« Michel Steinbeck, au rapport commandant !

— Vous voyez, il va bien, la progression de la maladie va se faire lentement.

— Mais regardez-le, il sucre les radis.

— Vous voulez dire les fraises.

— Non, il est tellement à côté de la plaque qu'il sucre des radis là. Il faut le guérir !

— Je suis désolé, c'est impossible. »

Qu'il me fait mal ce mot lancé comme un poing en plein visage. Je n'ai pas la force de parcourir le monde pour André, qui compte à voix haute un à un les carrés de carrelage blanc qui recouvrent le sol du cabinet du docteur qui continue sans ciller.

« Le diagnostic est souvent douloureux à entendre pour les proches. Mais vous allez vous habituer l'un à l'autre. N'est-ce pas, monsieur Steinbeck ?

— 97 ! répond fièrement mon grand-père, comme un enfant que la maîtresse aurait interrogé au tableau.

— Donc là, pour vous, il va bien ?

— Il ne sera jamais comme vous l'avez connu avant, mais il peut reprendre une activité domestique sans soucis.

— Il ne s'appelle pas Michel Steinbeck ! »

Je suis effondrée en pensant à Yvette, dans la salle d'attente, qui doit se ronger les sangs et espère revoir André, pas un Michel. C'est ça les hôpitaux, on entre par la porte des urgences en entier, on en ressort par une autre, il manque un bout de corps ou d'âme, quelque chose de brisé.

André chevrote, essaie de parler mais cela ne sort pas. Avec son pied droit, il pompe dans le vide, comme s'il voulait embrayer.
« Ça doit être le joint de culasse, lâche-t-il, agacé.
— Comment vous appelez-vous, monsieur ? » demande le neurologue. Des nuages passent dans ses yeux, des larmes sortent des miens. Il ne sait pas, il tremble tel un enfant qui attend les bras de sa mère au milieu d'une allée de supermarché. Il ne sait pas où il est.
« De vous à moi, tous nos lits sont complets, les places sont chères, vous savez ce que c'est, l'hôpital public. Nous sommes surchargés. Nous réservons l'hospitalisation aux cas qui ont besoin de soins. Les maladies de la vieillesse, on ne peut pas grand-chose. Je dois néanmoins vous prévenir qu'il peut y avoir des accès de colère, des comportements de démence qui seront difficiles à contrôler. Il a mordu au sang une de nos infirmières. Mais avec le bon dosage médicamenteux, cela devrait s'atténuer. Si la charge devenait trop lourde à porter, il existe des institutions ou maisons de retraite spécialisées. »
Je décide de ne pas rentrer à Paris, et de rester auprès d'Yvette.

De retour à la maison, André commence ses journées comme un enfant et les termine comme un tyran. Il refuse de s'habiller, et, à la moindre contrariété, s'échappe de la maison en sous-vêtements. Il peine à marcher, notre rue est en pente, alors je le retrouve souvent à quelques mètres de là, et m'approche de lui avec un pardessus sans faire de gestes brusques, comme pour attraper un cheval avec un licol.

Le soir venu, j'essaie d'allumer la lumière. André a enlevé toutes les ampoules de la maison. Il ne parvient plus à faire sa toilette seul, mais il réussit à trouver un escabeau, y tenir en équilibre et dévisser tous les petits bulbes de leurs tiges. Surtout, où a-t-il bien pu les mettre ? Notre appartement n'est pas Versailles, difficile d'y perdre un sac rempli d'une trentaine d'ampoules. Je passe ses placards au peigne fin, trouve sous son oreiller des chaussettes étalées avec soin, dans ses chaussures des peaux de banane, mais pas d'ampoules.

« Bonjour, c'est la police, nous aimerions vous parler. » Yvette est convoquée pour la première fois de sa vie dans un commissariat. Dans le hall d'entrée, nous croisons notre voisin du dessous qui émet une plainte. Cela ne se fait pas de balancer ainsi des ampoules sur les géraniums de son balcon ! Yvette se confond en excuses, des années à ne pas regarder la télévision après 23 heures pour ne pas déranger, à ne jamais élever la voix sans se demander ce que vont penser les voisins, passés à la trappe par un bombardement intempestif d'ampoules.

« Monsieur nous a informés que vous étiez à la tête d'un réseau de prostitution. Étant donné l'absence d'antécédents, nous voulions nous entretenir avec vous avant de lancer une enquête. » Yvette manque de faire une syncope. L'agent comprend rapidement à son chignon qu'il y a peu de chance de voir en elle une tenancière d'établissement de joie.

« Enfin, André, tu n'as pas honte de dire des choses pareilles à la police ? Nous sommes des gens respectables !

— Ne me laissez pas avec elle, monsieur l'agent, je ne la connais pas.

— Cela fait soixante ans qu'on est mariés !

— Ce n'est pas votre femme, monsieur ? l'interroge l'agent.

— Je vous dis que non, c'est une proxénète qui en veut à mon argent, répond André.

— Il n'a qu'une petite retraite, inspecteur, nous étions commerçants. »

Le lendemain, retour au commissariat. André assure que des hommes s'introduisent dans la maison pour venir le tuer. Un autre jour on l'a volé, quelqu'un a pris toutes les ampoules. Elles n'ont pas disparu toutes seules, il n'est pas fou.

La maladie n'atteint pas que la pensée en s'attaquant au cerveau. Elle touche également la motricité et l'équilibre, la confusion est totale. Je le retrouve un matin dans la cuisine, en couche, au sol, son grand verre d'eau brisé dont le culot est encore dans sa main pleine de sang. Il s'est cogné la tête contre le rebord du meuble blanc, on dirait une scène de crime. Si la police arrive maintenant, c'est sûr, cette fois, nous sommes cuites ! Suspendu à mon regard, il guette ma réaction avant d'exprimer la sienne. Alors pour lui, pour moi, pour survivre, j'éclate de rire. Un rire un peu forcé les premières secousses, nerveux, puis sonore et franc. Il déchiffre mon visage et sourit lui aussi.

À quatre pattes en train de ramasser les morceaux de verre et d'effacer les preuves de l'homicide en cas de perquisition, je le relève, il a tout oublié. « Enaid, fais attention à ce que tu fais, tu casses tous les verres, on va bientôt devoir boire dans des assiettes à soupe si tu continues. » Oui, André, je vais faire attention.

Dès qu'Yvette apparaît dans son champ de vision, tantôt il pleure, tantôt il peste. La pauvrette ne sait plus sur quel pied danser. Il n'a jamais eu de femme, il ne s'est jamais marié et n'a pas eu d'enfants. Mais il sait qu'il doit me conduire au lycée. C'est le seul moment de la journée où il retrouve ses esprits. Être à l'heure pour les cours, c'est devenu toute sa vie.

Alors, cette année-là, et durant le début de celle qui suit, plusieurs fois par semaine, je prends mon petit déjeuner en pleine nuit et lui donne un baiser devant la grille fermée de l'établissement.

« Toi tu es forte pour retrouver des gens, aide-moi...
— Qui voudrais-tu que je trouve ?
— Ma mère. Je ne sais pas où elle est... »

André fêtera dans un mois ses quatre-vingt-dix ans. Je n'ai pas connu sa mère, décédée bien avant ma naissance. Je sais seulement qu'elle affectionnait le muguet et qu'elle lui envoyait chaque semaine, quand il était en pension, des bonbons au caramel salé.

Les minutes défilent, on s'accroche, il reste. Les secours arrivent, je les regarde l'emmener, sa main bouge, cherche la mienne. Alors, j'embarque avec lui dans l'ambulance. Yvette pleure.

Je n'ai jamais supporté de mentir. Je nourris depuis toujours une aversion pour la dissimulation, le vol de la vérité dont on prive souvent les enfants. Mais comment dire à André que l'on réanime que sa mère n'est plus depuis si longtemps qu'il l'a oublié ? Comment lui dire surtout que je n'ai pas réussi à retrouver la mienne, que je ne suis visiblement pas douée pour cela ?

« Comment elle s'appelle ta maman ?

— Julia. Cela fait un moment que je ne la vois pas. J'ai essayé de l'appeler, mais je ne comprends pas pourquoi elle ne vient pas.

— Tu sais, je pense que, là où elle est, elle n'a pas le téléphone.

— Oui, à la ferme on n'a pas le téléphone encore. Dis-lui de venir.

— Cela me semble difficile de la faire venir de si loin. Mais tu sais ce que l'on va faire ? Ferme les yeux, dis-moi où est-ce que tu la vois.

— Elle est dans les champs. Elle est loin, elle ne m'entend pas.

— Ce n'est pas grave, on va se rapprocher.

— Elle est là, elle cueille des coquelicots avec sa robe blanche jusqu'aux pieds, son ombrelle et son foulard bleu qui sent le muguet. Elle remet ses cheveux blonds sous sa coiffe.

— Oui, je la vois aussi. Elle est très belle.

— Je ne veux pas retourner à l'hôpital. Ne les laisse pas me prendre, s'il te plaît.

— D'accord. Alors viens, donne-moi la main, on va aller dans les champs faire signe à Julia, comme cela elle nous verra. »

André serre ma main, puis s'éloigne au milieu des coquelicots retrouver sa maman.

« Est-ce que Jean-Oussama est là ?

— C'est de la part de qui ?

— Sa fille.

— Tu as une fille ?! crie la voix, plus jeune que la mienne, hors du téléphone, à quelqu'un d'autre.

— Il en a même deux si je peux me permettre... Vous êtes ?

— Sa femme.
— Laquelle ? »

Les hurlements me déchirent l'oreille. Pendant cinquante ans mon père s'appelait Jean, et puis un jour Dieu pour lui a changé de continent. Il a migré plus au sud au moment des premiers rhumatismes de Jean, qui, depuis qu'il s'est converti à l'islam, se nomme Jean-Oussama. Il porte une coiffe et une barbe. C'est un puriste, il la teinte au henné. Suivant les saisons elle va du roux d'automne au rouge foncé en passant par le citrouille lumineux.

Il en est à sa quatrième femme, mais il n'a toujours pas remplacé Léna. Blonde, excentrique, libre, plus âgée que lui, elle lui tenait tête et ne voulait pas se marier. C'était la première qu'il avait aimée, celle qui lui avait donné un enfant. Depuis il les choisit brunes, orientales, outrageusement plus jeunes que lui et voilées.

Léna n'était pas une femme ordinaire ; pour que la vie puisse lui plaire, elle devait se vêtir de paillettes et de folie. Pour son anniversaire, Jean avait acheté tout ce qu'il avait trouvé de feux d'artifice amateur. J'étais encore bébé. Ils avaient fait passer la poussette par-dessus la grille du parc d'un quartier chic peu avant minuit. Devant le grand bassin endormi, il s'était improvisé artificier. Soudain le ciel s'était mis à pétarader, les canards ont giclé du bassin, des lumières se sont élevées comme des serpentins, c'était beau, le clochard qui dormait sur un des bancs était médusé.

Les voisins ont appelé la police, nous avons filé en quatrième vitesse, Jean avait approché la Cadillac, Léna courait sur ses hauts talons avec la poussette, moi sous la couverture je ne savais pas que j'avais des parents pour quelques mois seulement.

J'ai longtemps cherché à le rendre responsable de mon mal-être. C'était à lui de m'aimer, de renoncer aux autres femmes pour me regarder courir et tomber, me gronder et m'instruire. Jean n'était pas là, et André ne l'était pas vraiment.

Je voudrais bien les détester, ces hommes démissionnaires. Mais maintenant que je dois appeler mon propre père pour lui annoncer la mort du sien, les choses ne sont plus aussi claires.

Lorsque j'avais environ dix ans, Jean était venu me voir à la maison. Il avait empli les poches de sa veste de boules puantes qu'il avait trouvées à la droguerie. Il m'avait fait marcher à pas furtifs à côté de lui jusqu'à ce qu'une rombière se donnant de grands airs avec un chien de race tout frisé apparaisse. Alors il avait lâché la bombe à ses pieds. Puis il s'était bouché le nez et s'était éventé largement de sa main en se plaignant de l'odeur. Horrifiée des regards de désapprobation tournés vers elle, madame avait trottiné dès lors la tête basse pour finir sa promenade avec plus d'humilité. Et Jean avait ri de sa bonne blague comme un enfant en me disant : « Avec Léna, on faisait souvent cela quand des bonnes femmes l'avaient insultée dans la rue. On s'amusait bien, tu sais. »

D'autres fois, je trouvais mes cahiers d'écolière pleins de rats joviaux au gros ventre dessinés un peu partout. C'était chez lui une manie. Je me faisais mettre au coin pour avoir rendu un devoir ainsi bariolé chaque fois qu'il venait. Il attendait que je dorme et laissait un gros rat en guise d'adieu. Debout contre le mur, dos à la classe, je pensais à lui et alors je souriais. Tous les hommes peuvent enfanter, peu réussissent à être père, c'était aussi cela, Jean. Un homme qui se débat avec son passé.

Il pleure tout ce qu'il sait tandis que l'on descend le cercueil de bois d'André, il se mouche dans la manche de sa djellaba blanche et récite les hadiths de son Coran. Yvette, impeccable dans sa robe noire, écoute le prêtre lire la Genèse de la Bible, alors qu'André retourne dans la terre d'où il a été pris.

André n'est pas là, moi je sais où il est parti, j'ai apporté pour lui un poème de Charles Trenet :

Coqu'licot, coqu'licot.
Fleur des champs, cœur sauvage,
Cœur en fleur du bel âge,
Cœur des champs, pas méchant,
Troubadour des talus,
Vagabond des prairies,
Liberté de la vie,
Coqu'licot élu.
Bien mieux qu'un' fleur snob,
Qu'une orchidée, « ma chère ! »
Chérie ! sur ta robe
N'est-c' pas, c'est lui qu'tu préfères ?
Coqu'licot des beaux jours,
Du soleil, des vacances,
Cœur ardent de la France,
Coqu'licot d'amour.

Paris

Je ne sais pas comment ils vivent, ceux qui n'ont pas songé à mourir au moins une fois, ceux qui n'ont pas pleuré jusqu'à leur bile, ceux qui sont tout de suite heureux. J'ai juré contre tout ce qui existait, voulu me venger de l'injustice qui m'était faite d'ainsi m'enlever tout ce que j'aimais dès que j'avais le dos tourné. Puis cela m'a pris d'un coup, dans la chambre de cet hôtel de Gdansk ; je me suis autorisée à être triste, à me sentir seule, à ne pas savoir où je vais. Soudain je n'ai plus eu peur de gâcher mes jeunes années. Pour la première fois, j'ai décidé de ne plus attendre personne pour être moi. C'est là qu'il est réapparu, mon oiseau de nuit, celui dont je guettais le retour à chaque saison, Léna.

La porte de la chambre 119 de l'aile des cancéreux de l'hôpital me fait face. Que trouverai-je à l'intérieur, un trésor ou une farce ? Peut-être un homme va-t-il me bondir dessus avec une tarte à la crème, ou vais-je me retrouver dans un combat clandestin de coqs à la crête dressée dans une salle de jeu de la mafia chinoise, peut-être derrière y aura-t-il un cabriolet rouge en partance pour l'Amérique ? S'il y a un joueur de dés suprême dans l'univers, pitié, épargnez-moi cette fois-ci, tout sauf une femme mourante. J'ai l'impression que ma main rétrécit, elle me semble toute petite. Trente ans de vie dans le mouvement d'une pauvre poignée en plastique.

« C'est la seule chose que tu aies trouvée pour me faire venir ? Tu aurais pu inventer mieux, un cancer, c'est ringard. »

Quand je suis née, elle avait déjà quarante ans, ma mère. C'est une femme de plus de soixante-dix que je découvre allongée sur son lit d'hôpital.

Elle est minuscule, riquiqui, entourée de ces machines d'où partent des tubes et où arrivent des fils. On la dirait prisonnière d'une toile d'araignée. Toutes ces années, je pensais à elle tantôt en oiseau aux ailes noires qui rôdait pour m'enlever et me faire vivre des aventures dangereuses où nous défierions la loi des hommes et leur triste morale, tantôt en une incarnation vulgaire et libre de la féminité qui avait fait du désir masculin sa raison d'être. Dans mon souvenir elle n'avait pas d'âge, puisqu'elle avait disparu avant que le mien ait deux chiffres. Je m'étais imaginé qu'elle était à peine sortie de l'adolescence à l'époque où elle m'avait perdue, inconsciente elle-même des responsabilités d'une mère. Trois décennies sur terre et j'ai toujours l'impression d'avoir les deux pieds dans le même soulier, comment jeter la pierre à une gamine ? Mais elle avait quarante ans, ma mère. Elle porte à présent un masque sur le visage, relié à une sorte d'accordéon qui se gonfle et se rétracte pour la faire respirer. J'ai passé l'âge du goûter. Personne ne viendra plus, je dois rejoindre la cour des presque grandes personnes, où je vois mes amies préparer à leur tour des goûters pour de petits êtres qui leur tendent des visages pleins de dents de lait et de pourquoi. Moi, fille de personne, je n'arrive pas à m'imaginer devenir un jour mère de quelqu'un.

À quoi sert-elle à présent, toute la colère que j'avais en moi, contre qui la diriger ? Je m'assois sur le bord du lit, il y a de la place, elle doit faire trente kilos toute branchée. Sa main à côté de la mienne est pleine de taches. Les veines s'y devinent, sa peau semble se faire discrète, pour laisser transparaître tout ce que jusqu'à présent elle avait caché, un cœur qui veut battre encore jusqu'au bout des doigts. Elle ressemble à une libellule. Son corps est traversé de spasmes et tremble tout entier. Je ne sais pas ce qu'on dit dans ces cas-là. Peut-être devrais-je la prendre dans mes bras, mais j'ai peur de lui casser une aile, et surtout, je ne la connais pas. C'est terrible de savoir le temps compté pour apprendre à l'aimer. Mes yeux ne veulent pas croiser son regard, mais il le faut, sans cela je continuerais à passer à côté d'une partie de moi. Elle a toujours ses cheveux blonds. L'accordéon s'immobilise un instant.

« Tu es belle... », murmure-t-elle.

Je me serais fait tellement moins de mal si tu avais été là pour me le dire.

« J'aurais voulu être là et faire ce qu'une mère fait, mais je n'y arrivais pas. Faut pas m'en vouloir.

— Et qu'est-ce que cela fait une mère ? Dis-le-moi, je n'en sais pas plus que toi.

— Cela raconte des histoires au moment du coucher, cela va voir les spectacles de danse de l'école... et cela dit de ne pas fumer. »

Tu ne sais pas que je ne pourrai plus jamais danser, mais je ne te le dis pas.

« Tu es devenue écrivain ? Je te regarde chaque fois que tu passes à la télévision. »

J'écris pour me raconter les histoires que tu ne m'as jamais dites, c'est la seule manière que j'ai trouvée de ne pas être seule. Je raconte les aventures de filles de mauvaise vie, en espérant guérir en moi le vide que tu as laissé.

J'ai tant de questions à lui poser, mais ses yeux se ferment de plus en plus longtemps quand ils clignent.

« J'ai un tailleur, c'est une jupe avec une veste, il est rouge, avec des petits chiens.

— Des petits chiens ?!

— Oui, tu sais, ceux que la reine d'Angleterre elle aime bien ?

— On est réellement en train de parler de corgis, là ?

— Il est vraiment mignon, la jupe est courte et la veste bien cintrée. Cela fait des années que je l'ai mais il est impeccable. Je ne l'ai jamais porté.

— C'est absurde, voyons ! Il n'y a que cela qui compte pour toi, les fringues, en cet instant ? Je ne peux pas le croire, je n'ai pas attendu toutes ces années pour cela ? Tu ne voudrais pas un peu savoir ce que je suis devenue, connaître la personne que je suis ?! » Une bourrasque de colère et d'incompréhension s'empare de moi.

« Mais c'est de la bonne qualité, tu sais. Je voudrais que tu ailles chez moi et que tu le prennes avant qu'ils ne viennent tout chercher.

— Qui donc ?

— Les huissiers... »

Je fouille le contenu de son sac à main, au milieu de préservatifs et d'une bombe lacrymogène, je trouve ses clés. Elle a encore la force de me donner son adresse.

C'est à trois minutes de chez moi, à vol d'oiseau. Trente ans sans se voir, pour trois minutes. Dire qu'elle n'était qu'à quelques battements d'ailes, il aurait suffi que je sois un piaf.

Au premier étage, la porte de l'appartement de Léna. J'ai la sensation d'être une petite fille entrant en cachette dans la chambre de ses parents, alors qu'on le lui a interdit. Du carrelage blanc, une table en fer forgé au plateau de verre, des rideaux roses et des tapis, des foulards en gaze de soie posés sur les abat-jour des lampes, un livre sur la kabbale et les archanges et un portrait de Padre Pio d'une taille surprenante.

J'ouvre les volets roulants aussi lents à bouger qu'un éléphant, je suis en apnée depuis mon entrée dans ce salon. Ce ne sont pas les objets qui me surprennent, mais le fait qu'ils soient tout ce qu'il y a de plus banal : un canapé, une table, des bibelots inutiles.

Lorsque j'étais enfant, je me promenai un jour avec Yvette dans le grand magasin des Galeries Lafayette quand Léna était arrivée, toute petite mais immensément dressée sur ses talons. Elle me caressa la tête comme celle d'un félin ; Yvette repoussa sa main. Léna ne lâcha pas prise et serra ses ongles sur mon bras. Yvette attrapa mon autre bras et se mit à tirer. On aurait dit qu'elles s'adonnaient à ce sport de démonstration de force où des hommes tirent aux extrémités une énorme corde afin d'entraîner les autres de leur côté. Les cris rameutèrent les vendeuses puis bientôt les badauds qui formèrent un cercle autour de nous. L'instant d'après, au milieu du rayon sous-vêtements, elles s'empoignèrent l'une par les cheveux, l'autre par le décolleté, lâchèrent toutes deux mes poignets et se fichèrent une peignée, renversant dans leur rage un portant tout entier, dans un vol de dentelle et de cheveux blonds. Face à elles, immobile, je faisais pipi dans mes collants et en profitais pour m'échapper. On me retrouva au rayon jouets pour enfants. J'avais ouvert deux emballages de poupées Barbie et leur avais enlevé la tête. Yvette, les cheveux plus crêpés que jamais, s'empressa, morte de honte, de les payer. « Mais enfin, ça ne va pas de maltraiter ainsi des poupées ? Qu'auront pensé les gens qui t'ont vue ? me sermonna-t-elle. Ah, André, c'est sûr, cette fois elle nous l'aura complètement traumatisée, cette folle nous a agressées en plein magasin, je vais porter plainte. » Une fois de plus j'avais raconté à des messieurs en uniforme ce qu'il s'était passé. Ils avaient tapé, l'air concentré, avec leurs gros doigts, sur des machines à écrire, puis nous étions parties.

Après cela, elle n'a plus eu le droit de s'approcher de nous.

J'avance à tâtons dans le couloir, je n'ose toujours pas allumer la lumière. L'encadrement d'une porte, un interrupteur rond, sa chambre à coucher. Un couvre-lit satiné avec une broderie, un présentoir avec des bijoux de pacotille, des photos posées sur une petite commode de bois cérusé. Elle me tient dans ses bras, cachée sous ses immenses cheveux blonds qui lui font comme un voile de Vierge à l'enfant, portant un ensemble de cuir blanc, avec une chaîne en or. Sur l'une d'elles, nous sommes tous les trois. Jean est vêtu d'un costume à pattes d'éléphant en lamé bleu avec une cravate noire et je suis au milieu, les yeux cernés, le vent de la mer du Nord en pleine face, sans chaussettes dans mes chaussures vernies.

Il y a aussi une photo de ma première communion, prise de loin. Celle, un peu floue, d'un carnaval, où l'école m'avait déguisée en abeille en bourrant mes collants noirs de vieux chiffons pour faire les cuisses. Encadrée elle aussi, la photo découpée d'un magazine qui m'avait dédié une pleine page lors de la sortie de mon premier ouvrage. Je me sens sidérée, je ne sais plus très bien quel âge j'ai, si je suis une petite abeille déguisée ou une femme sur papier glacé.

Un grand placard intégré dans le mur de cet immeuble moderne aux loyers modérés. À l'intérieur, des fourrures épaisses, des vêtements guère plus longs que les cintres, des cuissardes et des guêpières, des mouchoirs brodés pliés, et sous une housse plastique de teinturier, le tailleur aux petits chiens.

La veste à deux boutons est d'un rouge un peu passé. Les chiens, noir et blanc, ne sont même pas des corgis, mais des westies ! Avec la tête d'un setter irlandais sur le revers du décolleté. Cette confusion éhontée de race de chiens me met bêtement hors de moi. Le tailleur en main, je claque la porte de la chambre et me trouve face à une autre, la seule que je n'ai pas encore ouverte. La tentation est trop grande. Les petits chiens tombent de mes bras ballants lorsque je découvre la chambre d'enfant. Celle qui m'était destinée. Sur les murs, des posters de chevaux et mon nom gravé dans une souche de bois posée sur la tête de lit. J'ai besoin de m'asseoir.

Dans le placard entrouvert, quelque chose brille. Au point où j'en suis, autant jouer les détectives. Je manque de tomber raide. Un entassement de paquets cadeaux. Des gros, des petits, des dorés, avec sur chacun une carte. À quatre pattes, j'attrape le premier à ma portée.

« Ma chère Enaid, joyeux onzième anniversaire, maman. » Ma main se saisit machinalement d'un autre, déplie la carte sur laquelle sont dessinées de petites souris qui tiennent dans leurs pattes des ballons en forme de cœur. « Ta maman qui te souhaite un heureux quinzième anniversaire. » Qu'est-ce à dire ? Cinq, dix, vingt, trente... Trente cadeaux cachés au fond d'un placard, un pour chacun des anniversaires qu'elle n'a pas pu me souhaiter. Un pour chaque année où je n'ai pas eu de mère, avec écrit le mot que je n'ai jamais pu prononcer : maman.

Trente paquets avec des paillettes et des serpentins satinés bouleversent tout ce que je pensais savoir de ma vie. Je trouve le courage d'en déballer un. Une trousse à maquillage pleine de produits bon marché. Les vernis ont séché, les rouges à lèvres ont durci et se cassent sitôt le tube ouvert. À l'intérieur une lettre :

« Ma petite fille,

Je sais ce que tu as souffert, en étant séparée trop tôt de ta mère, puisque j'ai moi-même ressenti cette douleur depuis toujours. Ma mère m'a gardée quelques mois avant de me confier à un orphelinat. Je n'ai donc jamais prononcé le mot de maman, si ce n'est en pensée, car elle n'était plus au moment où j'ai su parler. Personne n'a jamais pris sa place dans mon cœur. Puis tu es arrivée. Est-ce à cause de cela que je n'ai pas pu être une véritable mère pour toi ? Cette pensée me hante. Parce qu'on m'avait pris ma mère, peut-être devait-on aussi me prendre ma fille ? Je me demande ce que j'aurais pu faire pour sauver au moins l'une des deux. Je ne sais pas ce que j'ai fait de mal, à part essayer de toutes mes forces d'être moi. Mais cela n'était pas assez pour te garder.

Je suis encore là pour toi. Ne fuis pas cette réalité, car la vie est courte. Cela va te sembler terre à terre, mais j'aimerais te voir et te toucher. Je voudrais regarder un film avec toi, partager un repas, même si je ne sais pas cuisiner... J'ai dû me construire seule et survivre. J'aurais tellement voulu que tu ne connaisses pas cela. Depuis notre séparation, mon unique projet était de t'apercevoir seulement de loin quand je le pouvais.

Tant de fois je t'ai vue tomber, mais je ne pouvais pas t'aider à te relever. C'est le sentiment le plus terrible que j'aie ressenti en tant que mère. J'ai mis ma vie entre parenthèses. J'ai oublié les projets, le travail, l'idée de fonder une autre famille. C'était au-dessus de mes forces. Et la parenthèse a duré, j'ai du mal à croire que tu fêtes aujourd'hui déjà tes dix-huit ans.

J'ai espéré de toutes mes forces que tu sois heureuse chez tes grands-parents, mais c'était plus fort que moi je n'y arrivais pas, en moi toujours criait le sentiment d'injustice et je n'ai pas réussi jusqu'à aujourd'hui à le faire taire.

Au départ de ma mère, j'ai été confiée aux religieuses de Sainte-Agnès, à Arras, j'y ai appris la patience. Je vais continuer à t'attendre encore longtemps. L'écho trouve toujours la résonance. Tu es ma fille, je t'aime et ne peux t'oublier. Mais il faut vivre et ne pas oublier de vivre, ne fais pas la même erreur que moi. Tu es une reine, ma grande, assieds-toi sur tous les trônes que tu voudras.

Une dernière chose, n'oublie pas d'apprendre à conduire puisque maintenant tu en as le droit. C'est comme d'apprendre à marcher, c'est essentiel à ta liberté. Je rêve du jour où tu viendras me chercher dans un cabriolet rouge et tu me conduiras, je ne sais pas où. Je voudrais juste que tu ne passes pas comme moi ta vie à avoir peur, que tu ne craignes plus de vivre ta vie, et qu'elle te porte vers moi. J'attends de tes nouvelles, à bientôt, ma grande. »

Toutes les fois où je me suis ramassée m'ont laissé la pire cicatrice qui soit, la peur. Celle d'aimer, qu'on ne m'aime pas, d'être seule, de tomber, d'être loin de chez moi. Vivre me fait mal aux coutures à peine cicatrisées, ça me tire trop fort. Je suis un Frankenstein aux cent bouts rapiécés. Pourtant ils sont bien là, entre mes doigts, les mots que j'attendais, ceux qui me disent que j'ai été aimée. Peut-être pas d'un amour qui sourit ou fait des goûters, mais de l'amour d'un oiseau de nuit battant des ailes près de moi.

« 2 septembre 1975 à 15 h 30, devant nous ont comparu publiquement en la maison commune Juan Gomez, né à Do Vinh, Sud-Vietnam, le 13 mai 1947, et Léna Gisèle Chrétien, née au Touquet, Pas-de-Calais, le 17 mai 1944. » Dans une boîte à chaussures cachée sous des couvertures de laine bouclée au fond du placard, deux livrets de famille. Le premier portant la mention divorcée en 1978, le second présentant un Abdelaziz Benarfa comme époux d'une brève union contractée dans les années 1960. Elle avait divorcé deux fois, ma mère, et je ne le savais pas. Aucun de ces deux hommes n'est mon père. Lui ne partage avec elle qu'un extrait de naissance seulement, beige, cartonné et rafistolé de partout au Scotch. Leurs deux écritures, côte à côte, me font l'effet d'un hiéroglyphe sur un parchemin oublié. Celle de mon père, aux lettres isolées, penche vers la gauche comme retenue dans sa progression. Celle de ma mère, droite, ronde, est presque d'écolière tant elle est appliquée. C'est l'unique trace que j'ai de leurs mains se côtoyant, la seule fois sûrement où ces deux-là ont dû être d'accord sur quelque chose, mon prénom. Une simple croix à l'emplacement réservé au nom de ses parents. Comme si, dans ma lignée, que je descende d'Yvette ou de Léna, les mères étaient condamnées à ne pas élever leurs enfants.

Un document plus ancien encore, couleur sable, attire mon œil. Livret individuel du pupille, émis par la Direction de la population. Sa photo de jeune fille, un numéro de matricule, 19099, une catégorie, E.G. Le pupille souffre d'une tuberculose osseuse et séjourne jusqu'à nouvel ordre à l'hôpital de Berck avec port d'un corset. Quelques années plus tard, il est indiqué « déformation de la colonne vertébrale au niveau de l'omoplate droite, en forme de bosse. Pupille bossu ». J'ai l'impression de lire du Victor Hugo. Impensable que l'on parle de la France des années 1940, de celle qui m'a donné la vie.

Les pages indiquant les « dons de vêture » sont remplies à partir de sa dixième année. L'Assistance publique du Pas-de-Calais fait mention d'un imperméable, un manteau, un cache-nez. Pour ses quatorze ans à nouveau, un imperméable, un manteau, un cache-nez. Pour ses seize ans, une mention de mise au travail est consignée, avec une robe d'hiver, six paires de chaussettes dont trois en Nylon, deux paires de souliers en taille 34, une paire de pantoufles ainsi qu'une paire de sandalettes, trois tabliers, un chemisier, quatre culottes, deux combinaisons, trois chemises américaines, une marinière, deux chemises de nuit, six serviettes hygiéniques, une ceinture hygiénique ainsi qu'un corset. Reste dû : deux soutiens-gorge, remis le 11 avril 1963 par la gardienne, avant départ à Paris du pupille.

Je suis frénétique, obnubilée, je ne peux plus m'arrêter, je dois tout ouvrir. Un passeport ! Sur celui-ci elle s'appelle Gisèle Léna, on n'est plus à cela près. Il date de 1988, elle y est belle, ma mère, avec ses cheveux relevés sur le côté. Un mètre cinquante-deux pour la taille, bleu-vert pour les yeux. Sur la page suivante, ma photo, mentionnée comme unique enfant. C'est l'époque de notre escapade au Flamingo, pourquoi m'avait-elle fait faire un passeport, avec son nom inversé ? Comptait-elle vraiment m'emmener jusqu'en Amérique ?

Une grande enveloppe marron portant la mention « attestations pour la garde » semble contenir des documents. « Josiane Paradis, nationalité française, profession coiffeuse, certifie avoir vu Mme Chrétien en compagnie de sa fille régulièrement le dimanche après-midi au cours de l'année 1987 », « Je soussignée Mme Jacqueline Hermoso, nationalité espagnole, profession danseuse, avoir rencontré en promenade Mme Chrétien en compagnie de sa fille le dimanche cette année 1987 », « Je soussignée Madeleine Patxori, sans profession, atteste sur l'honneur avoir rencontré dans le courant de l'hiver 1987 Mme Chrétien en compagnie de sa fille à la terrasse d'un restaurant où elles mangeaient ». Était-ce avec cela qu'elle comptait récupérer si ce n'est ma garde, au moins un droit de visite ? Un imposant dossier contient des éléments d'enquête préliminaire demandés par le tribunal. Elle est donc allée jusque-là pour me revoir ? « Dr Appelboom-Fondu, psychiatre, docteur en médecine, confirme que Mme Chrétien a passé les tests psychologiques les 28 et 29 novembre 1986 et que les résultats des tests confirment une absence d'élément pathologique, une personnalité introvertie, une grande créativité qu'elle peut mettre à profit dans son fonctionnement intellectuel, un bon contrôle pulsionnel, contrairement à ce qui nous a été annoncé. Anxiété liée à l'isolement mais aucun trouble de personnalité. Nous nous prononçons donc contre toute action. » Lorsque l'on ne veut plus de son chien, on dit qu'il a la rage, lorsqu'on ne veut plus de sa femme, on dit qu'elle est folle. Hélas, Léna n'est pas folle, le docteur Appelboom-Fondu l'a dit, elle est juste très créative dans ses rapports humains.

« Message à la personne qui s'est fait couper les cheveux hier et qui a tout balancé par la fenêtre, si elle veut je peux lui offrir le mode d'emploi d'un aspirateur ou d'un balai pour Noël. » Tapé à la machine en lettres capitales, sur une feuille cartonnée pliée en quatre. C'est fou ce que nous décidons de conserver de notre vie ; comme le choix peut paraître futile ! Je retourne la feuille bien anodine : au dos, des numéros de plaques d'immatriculation, des modèles de voitures, des dates, sans explications. La photocopie du journal de février 1978, l'arrestation de Juan Gomez pour proxénétisme, celle d'un dépôt de plainte pour coups et blessures contre Abdelaziz Benarfa. D'autres pièces les accompagnent. À travers sa triste collection de lettres de menaces, de convocations à la police, je retrace la vie de ma mère qui, pour n'avoir pas été aimée, recherchait auprès d'hommes qui lui faisaient du mal la preuve de son infamie.

À nouveau devant la porte de la chambre 119, je n'ai qu'un seul choix : faire demi-tour et en vouloir au monde entier pour ce qui m'est arrivé ou entrer affronter mon Goliath.

Ils ne savent pas la chance qu'ils ont, ceux qui ont le temps d'avoir des enfants avant de perdre leurs parents. Lorsque l'on est tout seul sur la chaîne de l'hérédité, perdu entre deux générations qui ne veulent pas être, on ne se sent pas véritablement exister, comme si aucune place ne nous avait été destinée et qu'il fallait la faire tout seul, à la force des bras, des mains, des dents.

Certains me voient comme une abandonnée, une surdouée, une athlète, une handicapée, une violentée, une tatouée à cicatrices, une résiliente ; la vérité, c'est que tout cela me semble être arrivé à une autre. On m'en ferait le récit, je plaindrais la triste protagoniste de cette histoire. Moi je n'ai fait que tenir, depuis ma tranchée, ma ligne de front en attendant la relève. Personne n'est venu. Et puis un jour j'y ai mieux regardé. J'ai vu d'autres silhouettes qui étaient là elles aussi. Une innombrable armée de jeunes et de voûtés, qui tiennent debout partout autour de moi, repoussant chaque jour l'ennemi en attendant le cessez-le-feu. Nous n'avons pas tous la même guerre, mais une fois que mes yeux se sont habitués à la poussière, j'ai commencé à reconnaître comme les miens ceux qui sont également en lutte.

Hélas, à présent, je ne peux rien contre l'impossible. La maladie est là, le cancer emporte Léna, et je ne peux qu'assister au dernier souffle d'une femme qui m'a donné la vie.

Elle rit si fort en me voyant entrer que le petit tuyau entouré de mousse qui apporte l'oxygène dans ses narines est projeté loin de son visage. Les deux billes bleues qui ont commencé à tirer leur révérence dans leurs orbites s'animent.

« Ce n'est pas du tout le tailleur dont je t'ai parlé ! » Microscopique dans le lit aux barreaux immenses, sa ligne de front à Léna, c'est ce vêtement avec des petits chiens.

« Oui, j'ai fait un saut par chez moi, si tu n'y vois pas d'inconvénients. »

Je suis là, devant elle, en tutu rose, pieds nus sur le linoléum de l'hôpital, entre le haricot métallique et la télécommande entourée de caoutchouc.

« On sait toutes les deux que c'est la dernière fois que l'on se voit. Je ne peux rien faire pour te donner ce qui nous manque, du temps. Mais, apparemment, tu m'as transmis sans me connaître la force de ne pas se laisser faire. Tu m'as dit tout à l'heure que tu regrettais de ne pas avoir pu être ma mère ?

— Plus que tout.

— Alors on va le faire.

— De quoi parles-tu, je ne peux même pas me lever...

— Tu vas l'être, juste pour un instant. Une mère assiste aux spectacles de danse, interdit de fumer, et raconte le soir des histoires à son enfant, n'est-ce pas ? »

Le regard bleu semble revenir sur le devant de la scène. Je me suis outillée sur le chemin et me suis arrêtée à un bureau de tabac, alors que je ne fume pas. J'ai pris un paquet de blondes et un briquet rose. J'extrais une cigarette entre mes ongles, la porte à ma bouche et l'allume, triomphale, puis la regarde tout droit : « Dis-moi de ne pas fumer. » Elle me fixe, sidérée, derrière son masque à oxygène. « Dis-moi de ne pas fumer... » Les larmes coulent sur nos joues.

« Ne fume pas, Enaid, ce n'est pas bon pour ta santé. Et puis c'est mauvais pour la peau, ça fait des rides.

— Ah oui ? Tu veux m'en empêcher ?

— Oui, je suis ta mère, je te l'interdis.

— D'accord, je ne fumerai plus, pardon, je te le promets. » J'éteins la cigarette dans le haricot en métal. Elle se redresse sur son oreiller.

« Maintenant, regarde-moi danser. »

Je n'ai pas pensé à la musique, ce n'est pas grave, je n'en ai pas besoin. Je commence par des gestes timides, puis me prends au jeu et me mets à tourner sur mes jambes en faisant des ailes avec mes bras. Je parcours la pièce de gauche à droite sur la pointe d'un pied, j'ai l'air ridicule sans doute, mais c'est le spectacle de fin d'année, je me dois de tout donner à mon public. Elle approche ses deux mains perfusées et applaudit lentement.

« Bravo, ma grande, tu as bien dansé, susurre-t-elle.

— Je suis contente que tu sois venue me voir. Tu n'as pas eu de problème pour te garer ?

— Non, j'ai trouvé une place juste devant. » C'est moi qui danse, mais c'est elle est qui est essoufflée.

« Maintenant raconte-moi une histoire.

— Je n'en connais pas.

— Invente-la. Tu dois me raconter une histoire avant que tu ne t'endormes. »

Son visage a commencé à rejoindre ses yeux au fond, une digue semble s'être rompue, ses lèvres ont disparu sous une rivière bleue.

« Ça ne changera rien, me dit-elle. On le sait très bien. »

Quand l'univers lui donnerait raison, je décide qu'elle a tort. Pour toutes les fois où j'ai serré le poing seule, à faire entrer mes ongles dans mes paumes, j'attrape sa main de libellule. Elle n'est plus tout à fait chaude.

« Si, cela changera tout. Je suis devenue écrivain pour raconter les histoires que tu ne m'as pas lues, Léna. Mais je ne suis pas devenue mère, parce que tu ne les as pas dites. J'ai besoin d'un souvenir, un seul, avec toi. Tu ne peux pas me quitter sans me l'avoir donné. »

Entre mes doigts le dos de sa main s'anime et bat soudain comme le cœur d'un enfant à naître surpris par l'échographe dans le ventre de sa mère.

« N'importe quoi ?

— Oui, peu importe. »

Elle attrape le journal posé sur la table de chevet à côté d'elle, prend une grande inspiration et entame les lignes tremblantes. « Un homme de 60 ans soupçonné d'avoir planté des cure-dents sur un siège de bus à Singapour risque jusqu'à deux ans de prison s'il est reconnu coupable, a indiqué la police de la ville-État d'Asie du Sud-Est. Une compagnie de bus a en effet porté plainte après avoir constaté qu'un siège d'un de ses véhicules a été perforé avec des cure-dents. "Dieu merci, j'ai bien regardé avant de m'asseoir", a témoigné une des victimes de l'homme aux cure-dents, qui semble être un récidiviste. »

« Mais enfin, qu'est-ce que c'est que cela ?

— Tu m'as dit n'importe quoi.

— Mais tu penses vraiment que l'agresseur aux cure-dents de Singapour, c'est ça notre grand moment, le souvenir que je veux emporter de toi ? »

Je m'approche encore un peu, assez près pour poser sa tête contre moi et caresser ses cheveux tandis que je laisse libre cours à mon imagination :

« C'est l'histoire du flamant rose qui voulait aller en Amérique... Un couple de flamants roses des Caraïbes, tout en plumes et tout en rose, avait pondu quatre œufs qu'ils couvaient avec précaution. Mais un soir, dans le marais, une tempête fit rage. Les eaux montèrent, tourbillonnèrent, recouvrirent les terres émergées sur lesquelles était bâti le nid. Ainsi un malheur arriva, un des côtés céda, un œuf tomba et fut emporté dans un fracas de branches et d'écume. "Il est perdu, dit le papa, ne te retourne pas, pas la peine de le chercher, il aura coulé."

» Mais quelques brindilles et trois plumes s'agrégèrent autour de l'œuf, formant un radeau de fortune. Le voilà emporté par les courants vers le grand océan. Un goéland, qui passait et espérait migrer là où le poisson est plus gras, mais n'en avait plus l'âge, s'assit sur l'œuf pour le couver et profita du voyage. Il fallait bien traverser l'Atlantique à la nage, puisque ni l'un ni l'autre ne pouvait à tire-d'aile atteindre une lande si lointaine.

» Terre en vue ! L'œuf sur son navire atteint la côte, s'embouche sur un fleuve et, arrivé près d'un pont, se trouve à maturité. Le goéland s'envola à la recherche de poisson. L'œuf a éclos, le flamant en sortit ; il était très petit, l'œil d'or et le plumage blanc. Il alla vers la ville, dressé sur ses ergots. On trouva qu'il avançait bizarrement, les pattes à l'envers, mais on le prit pour un échassier. Plus le temps passait, plus il semblait patiner sur une glace invisible tandis que les autres marchaient. Puis soudain cela se produisit, à l'âge de la maturité, une plume changea de couleur et se mua en rose. Une telle couleur, quelle impudeur ! On le pensa malade, on l'envoya consulter. "Une rosite aiguë, dit le médecin, il faut opérer." On arracha la plume maladive. Le flamant se pensant guéri retourna à la ville, parmi les échassiers, les cigognes, les corbeaux et les condors, les mouettes et les carnassiers qui tous affichaient fièrement un pelage blanc, noir ou gris.

» Mais au premier printemps le rose éclata sur son dos. Des ailes il se propagea à la tête, jusqu'au bec. Il était bientôt plus rose qu'une panthère. Il déployait un éventail de plumes dignes des oiseaux de paradis, il avait l'exotisme indécent des terres sauvages. "Il n'a qu'à se produire dans les cabarets, mais certainement pas dans la bonne société !" disaient à son passage les corbeaux bien comme il faut, tandis que les mouettes riaient de lui. Seuls les hiboux, les chouettes et les oiseaux de nuit l'acceptaient sans le juger pour ce qu'il était. Mais le mal était fait. Ce qu'il s'en voulait d'être rose, ce flamant ! Il aurait tout donné pour être blanc, ou coquille d'œuf à tout casser ! Pourquoi l'avait-on affublé d'une telle couleur, si ce n'était pour le railler ?

» Il fit tout pour cacher ce qu'il était, se trempa dans chaque flaque et mangea de l'herbe, mais alors il devint violet. Il décida de suivre les chalutiers à la trace de leur fumée, et s'imbiba les plumes de l'épais mazout qui les fait avancer. Ses ailes ainsi tachées étaient trop lourdes, il ne parvenait plus à voler. Il claudiquait au sol. Mais en marchant le long des boulevards il vit dans les appartements, derrière la fenêtre qui s'allumait, des oiseaux en cage, dont certains avaient eux aussi des plumes aux couleurs du paradis. Il y avait forcément un ailleurs, un pays où le rose n'est pas une infamie à porter. C'était sûrement à l'ouest, le pays du soleil couchant.

» Alors il commença à lisser, une à une, ses plumes noircies. L'entreprise semblait infinie, certaines tombaient, d'autres étaient abîmées, et quand l'hiver survint, tout déplumé, il eut froid. Il retourna voir le médecin qui plus jeune l'avait opéré. "Vous ne pourrez plus voler, votre plumage est trop clairsemé", se lamenta le praticien. Mais le flamant ne s'en laisserait plus conter, il rejoindrait l'endroit où ses plumes et le soleil partagent la même couleur. De toit en toit, à voler, il s'entraîna. La vitesse, la distance, il y avait tant à maîtriser, pour un flamant inexpérimenté. Il roula au sol plusieurs fois, mais continua de s'élancer, jusqu'au jour où il décolla. Le vent était chaud, le printemps revenait, les toits s'éloignaient, on n'entendait plus le rire des mouettes qui jamais n'avaient volé si haut. Au-dessus des nuages le soleil apparut, il le suivrait jusqu'à poser patte sur la terre d'où il venait. Peut-être quelqu'un le reconnaîtrait, il aurait des semblables. Il n'y volait pas vite peut-être, mais libre. »

« Les visites sont terminées. » L'aide-soignante vient mettre fin à ce tête-à-tue-tête lunaire. La main de Léna tient la mienne, sa peau s'est rosie, faisant refluer le bleu loin de ses lèvres. Elle se redresse, s'assoit, elle respire même, elle va peut-être s'envoler.

« Je suis invitée dans une émission de télévision, mais je vais annuler, je vais rester dans le couloir, au cas où.

— Ses constantes sont bonnes, vous reviendrez la voir demain matin, me dit l'infirmière.

— Je préférerais que tu y ailles, intervient Léna, comme ça je te verrai dans le poste. Je t'y regarde à chaque fois que tu y passes. »

La porte de la chambre 119 refermée, je reste saisie. Pourquoi faut-il apprendre à aimer les gens uniquement pour leur dire au revoir ?

Assise sur les sièges en bois, Yvette est là, un médaillon de Padre Pio à la main. Jamais je n'avais remarqué qu'elles se ressemblaient autant ; la clavicule en épine, dressée au-dessus d'un corps fin, une tête blonde posée sur le long cou d'un échassier. « Vous la connaissez ? » me demande l'infirmière avec laquelle Yvette s'est arrangée pour venir après l'heure des visites. Yvette au chevet de Léna !

Je ne connais pas de femmes qui se détestent autant et depuis aussi longtemps que ces deux-là ! Ce sont parfois ceux à qui l'on attribue les idées les plus arrêtées qui finissent par tout faire voler en éclats !

« Que se disent-elles, vous le savez ?
— C'est votre mère qui a demandé à ce qu'on l'appelle la première fois. Elle voulait lui parler, alors je lui ai fait le numéro et lui ai tenu le téléphone.
— Et qu'a répondu la dame ?
— Elle est venue. Elle est restée avec elle une heure, je les ai laissées. Elle m'a demandé une brosse à cheveux et de l'eau de Cologne. Depuis elle vient chaque soir. » Si ces deux femmes sont capables de faire la paix ne serait-ce que le temps d'une trêve, alors tant de choses sont possibles !

« Allô, Jean-Oussama ? Pourquoi vous êtes-vous séparés, avec Léna ? » Mon père, que je réveille, surpris par la question, tarde à me répondre.

« C'est des bêtises, cela n'a pas d'importance.

— Tu te trompes. Les bêtises d'adultes, ça change la vie des enfants. C'est la sottise d'un moment de ta vie, mais c'est la raison pour laquelle toute la mienne a dévié. » Il marque une pause.

« On se disputait souvent... À cause de ses tenues.

— Pardon ?

— Moi, je voulais juste qu'elle arrête de danser. Elle s'habillait toujours trop court, et cela me rendait fou. Après ta naissance, elle a fait une formation de dactylo, et elle avait été embauchée comme secrétaire dans un cabinet juridique. Un notaire, je crois. Pour son premier jour, je lui avais dit d'aller s'acheter quelque chose de professionnel, un tailleur. Elle est revenue avec un ensemble, une jupe, si tu l'avais vue ! Courte comme ça ! Je lui ai interdit de le mettre. Autant retourner danser si c'est pour attirer tous les regards.

— Avec des petits chiens ?

— Elle n'a jamais dansé avec des chiens, enfin, tu la prends pour qui !

— Le tailleur ?

— Je ne me souviens plus, ça fait longtemps. Peut-être. Il était rouge en tout cas. »

Je n'ai aucun pouvoir sur ce qui se passe autour de moi, rien dans l'univers ne dépend de ma petite personne, mais je sais faire une chose : transfigurer le réel quand il fait la triste figure. On peut se laisser choir lorsque l'on tombe ou faire le saut de l'ange. Être boiteux ou devenir un flamant rose.

Tandis que je parviens au pied de la tour Eiffel, on me conduit dans les loges pour le maquillage. Le téléphone sonne, mon poing se serre, je sais déjà.

« Elle est en train de partir », me dit l'infirmière d'une voix sourde. Je n'entends plus, mon cœur bat dans mes tempes.

« Est-ce que j'ai le temps d'arriver ?

— Non, c'est une question de minutes.

— Passez-la-moi s'il vous plaît.

— Elle ne peut plus parler.

— Mais elle peut entendre, mettez le combiné à son oreille. »

Sa respiration est lourde et légère à la fois. Je suis écrasée par l'énormité de la situation.

« Tu as été ma mère, et j'ai été ta fille. Tu m'as vue danser, tu m'as dit de ne pas fumer, tu m'as lu une histoire, j'écrirai celles qui manquent. On s'est loupées dans cette vie, c'est comme ça. Tu es ma mère, et je suis ta fille, nous avons seulement vécu dans un espace-temps différent, mais on s'est trouvées. Tout est en ordre finalement, tu vois, je ne vais pas si mal que cela. » Il faut que je le dise même une seule fois pour nous libérer toutes les deux. « Maman... Au revoir, maman. Je suis désolée de ne pas avoir pu prononcer ce mot avant. Je pensais que cela m'avait manqué à moi, je n'avais jamais songé que cela avait pu te manquer de l'entendre, maman... J'ai été ta fille, tu as été ma mère. » Le maquillage coule en estampe japonaise sur mes joues. Le public applaudit, le régisseur est là pour m'amener sur le plateau où l'on est beau, où l'on parle bien, où l'on sourit.

« Elle respire encore, me dit l'infirmière.

— Peu importe ce qu'il se passe, laissez la télévision allumée jusqu'à la fin de l'émission. » Sa parole obtenue, je m'essuie d'un revers de main. Depuis le haut de la tour Eiffel, Paris semble si petit. Les rires et les cris des hommes y sont inaudibles, des lumières s'allument, d'autres s'éteignent, on voit des mouettes voler, on est un peu étourdi lorsque l'on regarde en bas, mais on y respire d'une liberté inconnue ailleurs. J'observe les autres invités et traverse le plateau, tirant sur ma jupe trop courte qui ne cesse de se relever et traverse le plateau. Ce soir je ne boite pas, je marche comme un flamant rose. J'ai décidé pendant quelques instants encore de vivre dans un monde où les gentils gagnent à la fin. On a réussi, maman.

Dans la chambre 119, la lumière s'éteint, peut-être Léna part-elle pour l'Amérique, la main serrée sur la télécommande. Sur l'écran fixé au mur, je souris bêtement, dans le tailleur aux petits chiens.

Remerciements

Merci à Louise Danou, Anna Pavlowitch, Teresa Cremisi, Gilles Haéri, ainsi que l'équipe des éditions Flammarion qui ont aidé à la mise au monde de ce livre.

Merci à ceux qui m'ont fait choir, pour m'avoir forcé à prendre d'autres chemins que ceux qui se trouvaient devant moi.

Merci à ceux qui m'ont relevé ; infirmiers, kinésithérapeutes, chirurgiens, thérapeutes et amis dont je tairai le nom par pudeur mais qui se reconnaitront.

À Paul et Yvonne Ducret, Jacques Roques, Cédric Chevalme, et Godeleina Leprêtre.

TABLE

Gdansk	7
L'Amérique	33
Paris	47
Biarritz	89
San Sebastian	105
Rome	143
Kingston – Le Caire	171
San Diego	189
Biarritz	221
Paris	241
Remerciements	273

Composition et mise en pages
Nord Compo à Villeneuve-d'Ascq

N° d'édition : L.01ELIN000480.A003
Dépôt légal : février 2018

Imprimé en France par CPI
en mars 2018

N° d'impression : 146654